JN012793

MICE
日本再興のカギ
入門編

株式会社コンベンションリンケージ・編著

発行：ダイヤモンド・ビジネス企画　発売：ダイヤモンド社

プロローグ

「私はこの会場にいるすべての人々に、この国際会議が始まるにあたりぜひ知ってほしいことがあります。それは日本から、アジアから、世界各国から多くの患者・感染者が参加しているということです。もし許されるなら、お願いしたいことがあります。"Please stand up if you are people living with HIV/AIDS."（ここで患者・感染者の皆さんにお立ちいただきたいと思います）」——HIV感染者・エイズ患者の代表が開会式で挨拶する途中、こう呼び掛けた。予期せぬことに会場は凍り付いた。

「第10回国際エイズ会議／国際STD[1]会議」は、1994年8月にパシフィコ横浜で開催された。143カ国からプレス関係者（2,200人）を含む1万2,000人超が参加した世界最大級の国際会議である。

当時、業界では「運営が難しい国際会議」として有名だった。アメリカのボストンで開かれる予定だった第8回大会は、アメリカがHIV陽性者への入国に関して差別的な規制を撤廃しなかったことから直前になって会場をアムステルダムに変更するという前代未聞のことが起きた。第9回大会の開会式でも、エイズ政策に異議を唱えるアクティビストからVIPに物が投げ付けられることがあった。

そして第10回大会。開会式が行われたパシフィコ横浜の5,000人収容の国立大ホールのエントランスには、参加者が良い席を取ろうと、何時間も前から並び長蛇の列ができた。大ホールだけでは収容できず急きょサテライト会場が用意された。

皇太子同妃両殿下（現天皇皇后両陛下）のご臨席の下、大会組織委員長、総理大臣、世界保健機関（WHO）事務局長他の挨

---

1. Sexually Transmitted Diseases（性感染症）。

1

拶が粛々と進んだ。皇室が参加し、かつ数カ国語の同時通訳が行われる場合、秒単位の進行マニュアルとシナリオが必須である。事前にスピーチ原稿の提出も求める。HIV感染者・エイズ患者の代表挨拶になった時、下手袖の進行席でそのシナリオを追っていた私には、一瞬何が起こったのか理解できなかった。シナリオ、原稿には書かれていない言葉だった。

　HIV感染者・エイズ患者に対してホテルの宿泊拒否など偏見・差別が社会問題化していた時代である。参加者でもカミングアウトしていた人は少なかった。プレスに対しては参加者の顔をアップで映さない等注意事項を配布していたほどであった。

　代表者の呼び掛けに約5,000人の参加者で満席の開会式会場に沈黙が流れた。数秒後、1人また1人と立ち上がり始めた。場内は割れんばかりの大拍手に包まれた。「今年印象に残っている出来事の一つ」と年末に皇太子妃殿下（現皇后陛下）が言及されたほど、心打たれる場面であった。開会式終了後、実行委員会メンバーと運営スタッフは抱き合って涙を流した。

　今、世界中がコロナ禍に見舞われている。
　ウイルスとの戦いと共存、そして感染者への偏見をなくすことは今も昔も変わらない永遠のテーマであることを自粛期間中に再認識させられた。
　私たちの職業はヨーロッパではPCO（Professional Congress Organizer）と呼ばれており、IAPCO[2]（The International Association of Professional Congress Organisers）という同業者団体が存在する。
　国際会議やMICEを企画・運営する職種である。国際会議をはじめMICEのどの分野においても、準備・運営するのは主催者にとっても、それを生業にしている私たちにとっても山あり谷ありで、大変な労力が必要である。それだけに成功した後、主催者やスタッフが涙を拭うシーンを幾度となく見てきた。
　MICEは関わる人に「成功と感動とレガシー」を与える——そういうものだと思う。

---

2. IAPCOには、日本から弊社を含め4社がメンバーとなっている。

目次

第3章 日本のMICE政策

第4章 都市におけるMICE誘致・開催の効果と戦略策定の在り方

第5章 数字で見る世界と日本のMICE

第6章 日本のMICE事例

第7章 次世代MICE

第8章　MICEビジネスを支える企業・団体

第9章　国家戦略ビジネスとしての「MICE」・対談

DATA ・・ 241

エピローグ ・・・・・・・・・・・・・・・・・・・・・・・・・・・・・・・・・・・・・・・ 270

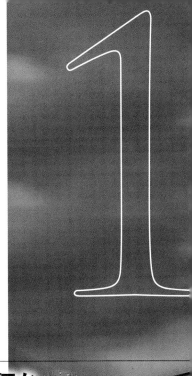

第**1**章

MICEとは何か

「Meetings」「Incentives」「Conferences」「Exhibitions」の頭文字をとった「MICE（マイス）」という言葉は、1980年代にシンガポールで用いられ始めた。一方、日本では当時から「コンベンション」という言葉が使われてきたが、2008年に設置された観光庁は「MICE」という言葉を掲げ、その振興策に乗り出した。なぜ今、MICEなのか。

　本章では、MICEの定義や各分野の内容、古代ギリシャに始まる歴史、日本のMICE業界に関連する幅広い団体・企業、MICEの経済波及効果・雇用創出効果・レガシー効果・新産業創出などの複合的効果等を概観し、MICE立国に向け、日本の高い可能性を踏まえ、国際機関の誘致や「聖地づくり」を提言する。そして、コロナ禍でダメージを受けたMICEの未来を展望する。

MICEとは

　MICEとは、4つの単語「Meeting」「Incentive」「Conference」「Exhibition」の頭文字からなるアクロニム（頭字語）で「マイス」と読む。

　日本では、国土交通省の外局として2008年に設置された観光庁が、地域への経済効果やビジネス・イノベーションの機会の創出等の複合効果に着目し、「MICE」という用語を使い振興政策に乗り出したことにより広まった。観光庁は主に国際会議、国際イベント、インバウンド系ビジネスミーティング等の誘致競争力の強化を図っている。一方、見本市、博覧会は経済産業省の管轄となっている。

　MICEという用語は1980年代のシンガポールで使われだした。当時既にMICEを社名に使った会社が同国内に存在したが、シンガポールのMICEマーケットは、国内市場が日本ほど大きくないため、インバウンド系のMとIといった企業系イベントや国際会議、国際見本市をターゲットにしていた（【図表-1】参照）。

　一方、日本は、敗戦から奇跡の復活を遂げ高度成長期を経て、GDP（国内総生産）世界第2位の時代（現在は中国に抜かれて第3位）。マレーシアのマハティール首相が「LOOK EAST POLICY」[1]を提言するなど、日本はアジア諸国の模範であった。国内では、運輸省（現国土交通省）や通産省（現経済産業省）の旗振りに

【図表-1】　1980年代のMICEの定義

Meetings	主に企業系の会議・研修（Internal meeting/Corporate meeting/Dealers meeting 等）
Incentives (travel)	企業が社員や代理店、販売業者に対して行う報奨イベント・旅行、社員旅行（P147 参照）
Conferences	政府、団体、協会、学会、企業などが行う会議。主に国際会議を指す
Exhibitions	国際見本市、展示会

1. 個人主義など西欧的な価値観に対して経済的に成功した日本や韓国の労働倫理や集団主義に学ぼうという政策。「東方政策」とも言われる。

よって第1次コンベンション・ブーム（イベントブーム）が起きていた。コンベンションセンター、アリーナ、大型文化複合施設等の計画や建設が全国で100以上進行していた時代である。また、コンベンションの企画運営会社の新規参入も相次いだ。1994年にはコンベンション法（「国際会議等の誘致の促進及び開催の円滑化等による国際観光の振興に関する法律」）が施行される。

当時政策で使われていた「コンベンション」及び「イベント」は現在のMICEとほぼ同義である。その頃、コンベンション業界は他の産業分野と同様、施設などのハード面でもイベントの運営水準というソフト面でもアジアはもちろん世界でもトップレベルであった。

1980年頃から、狭義の「国際会議」に加え次第に広い意味を持つようになり、学術集会・大会・見本市・展示会・博覧会・自治体イベント・映画祭・音楽祭なども包含するようになった。つまり、「人、物、情報の直接的交流」「人、物、情報の直接交流の媒体」の総称としてコンベンションという言葉が使われるようになったのだ。そのコンベンションをバージョンアップした産業政策上の用語として登場したのがMICEともいえる。

MICEという用語は、海外でも少しずつ広がっていった。例えば、オーストラリアは、1995年に策定した国家戦略の中で「MICE」を用い、MICEに含まれる各分

【図表 -2】 観光庁による MICE の定義

M Meeting	主に企業がグループ企業やパートナー企業などを集めて行う企業会議、大会、研修会等の会合（＝コーポレートミーティング）を指す。
	例：海外投資家向け金融セミナー、グループ企業の役員会議　等
I Incentive	企業が従業員やその代理店等の表彰や研修などの目的で実施する旅行のことで、企業報奨・研修旅行と呼ばれる。
	例：営業成績の優秀者を集めた旅行　等
C Convention	いわゆる国際会議であり、学会や産業団体、さらには政府等が開催する大規模な会議を一般的に指す。
	例：北海道・洞爺湖サミット、国連防災世界会議、世界水フォーラム、世界牛病学会　等
E Exhibition /Event	国際見本市、展示会、博覧会といったエキシビションや、スポーツ・文化イベントなど大小さまざまなものが含まれる広範な概念である。
	例：東京国際映画祭、世界陸上競技選手権大会、国際宝飾展、東京モーターショー　等

出典：https://www.mlit.go.jp/kankocho/shisaku/kokusai/mice.html#igi

野を国を挙げて振興し、経済活性化を図る方針を打ち出した。

　言葉の意味は国や時代とともに変わっていく。スピードの速いビジネスの世界ではなおさらである。海外では「MICE Market」ではなく「Meetings Industry」の言葉を使おうという動きが一部にはあるが、日本ではMICEやコンベンションという言葉が深化し始めており、海外に迎合する必要はないだろう。日本では観光庁の定義が現在、MICEのスタンダードの定義として用いられている（【図表-2】参照）。

　観光庁が定義しているように、MICEの「E」は「Exhibition」に加え「Event」を意味するのが日本の特徴である。これに加え、「E」の大きなマーケットが「Entertainment」と「Exposition」である。

　MICEは広範な業界を網羅しているので立ち位置によって見方は変わる。コンベンションセンターやアリーナ、ドームなどの大規模施設及びそれが立地する地域（自治体）にとって、「エンターテインメント」も重要な産業である。アイドルのコンサート開催によってホテルが満室になるなど、その経済効果の大きさに注目し、首長自ら誘致営業を行っている自治体もある。また、大阪では2回目の「2025年日本国際博覧会（大阪・関西万博）／ EXPO2025OSAKA, KANSAI, JAPAN」が開催される。

MICEの歴史

　MICEを「人、物、情報の直接的交流」と定義すると、ルーツは古代まで遡る。古代ギリシャの都市国家「ポリス」における公共空間「アゴラ（広場）」は、広い意味でMICEの始源といえる。アゴラでは人々が集まり商取引をしていたので見本市のルーツであり、議論や協議も盛んに行われていたのでコンベンションのルーツでもある。

　古代ローマ時代に建てられた「コロシアム」では、剣闘士の試合や模擬海戦などが盛大に行われていた。

　また、見本市を意味するドイツ語の「メッセ」は、カトリック教会で行われる典礼「ミサ」が転じて生まれた言葉である。中世ヨーロッパにおいては、教会のミサに集う人々を「客」とした「市」が盛んに開かれた。そこから、ミサがメッセの語源となった。教会や聖堂に信徒たちが集う宗教的典礼も、MICEのルーツの一つと

いえる。

　ヨーロッパの代表的見本市「フランクフルト・メッセ」は1150年にまで遡り、1240年には神聖ローマ帝国皇帝フリードリヒ２世によって公式に承認されたのが始まりと言われている。ヨーロッパの見本市は、実に800年の歴史がある。

　また、1814 ～ 1815年に開かれたウィーン会議には、オスマン帝国を除くヨーロッパの190の王国、53の公国の代表が参加した。ウィーン会議はフランス革命とナポレオン戦争終結後のヨーロッパの秩序再建と領土分割を目的とした歴史的な国際会議であり、のちに映画『会議は踊る』[2]で広く知られるようになった。半年間に及んだ会議では、代表団や随行員をもてなすためのさまざまな社交行事（パーティー、舞踏会、コンサートなど）が連日開かれ、舞台となったウィーンにもたらした経済効果は莫大だった。現代の国際会議が参加者の社交行事や観光によって開催地に経済効果をもたらしているのとよく似ている。

　アメリカでは、第２次世界大戦後の経済発展を土台として、1970年代以降、トレードショー（産業見本市）や展示会が急速に発展した。開催件数、出展企業数、来場者数は1970 ～ 1980年代にかけて増大し、2019年には年間１万件以上のトレードショーが開催されている。現在ではトレードショーはアメリカ経済にしっかりと組み込まれており、それなくして企業の成長はあり得ないほど大きな位置を占めている。IT企業も、最初はトレードショーに出展することで注目を浴び、急成長していったのだ。

　このように、MICEは欧米を中心に発展を続けてきたが、その後を猛追して発展したのがアジア各国である。中でも日本はアジアにおけるトップランナーであった。しかし、バブル崩壊後の「失われた20年」の経済停滞により勢いを失うと、その間にシンガポール、香港、韓国などが台頭し、独自の発展を遂げた。2010年に日本を抜いてGDP世界第2位となった中国は、北京、上海などの大都市を中心に大型コンベンションなどを多数誘致し、欧米に比肩するMICE大国となっている。

MICEに関連する団体・企業

　続いて、日本のMICE業界に関連する団体や企業を概観する。

---

2. 1931年のドイツのオペレッタ映画。

　国際コンベンションの誘致促進を目的の一つとする一般社団法人日本コングレス・コンベンション・ビューロー（JCCB、猪口邦子会長）は、地域のコンベンションビューロー（P46〜47参照）や観光協会、旅行代理店、コンベンションセンター、ホテル、機材レンタル会社、PCOなど119団体・企業がメンバーになっている（2021年3月現在　P222参照）。

　通商産業省（現経済産業省）の外郭団体として設立許認可され、現在は一般社団法人である日本イベント産業振興協会（JACE、石井直会長）は、広告代理店やイベント制作会社、ディスプレイ業界の会員が多い。この他、展示会主催者が中心となり発足した一般社団法人日本展示会協会（日展協）、公的イベント・コンベンション施設の運営者による全国展示場連絡協議会、一般社団法人日本コンベンション協会などがある。

　MICEによる都市開発（P221参照）という観点からは、デベロッパー（不動産開発業者）、コンサルティング会社、建設業界なども深く関与する。

　MICEの企画運営ビジネスの現場では「M」「I」「C」「E」が明確に分かれているわけではない。大型の国際スポーツイベント、国際博覧会（P161参照）、国際会議（P122参照）、見本市（P174参照）は「M」「I」「C」「E」のすべての要素を含んでいると言っても過言ではなく、広範な業界が関わっている（P222参照）。

MICEの複合的効果

　まず、MICE施設建設時には、需要波及を通じての乗数効果がある。

　施設が竣工し、MICEが開催されると、消費活動を通じた経済波及効果のみならず、新規契約誘発効果、イノベーション創出効果、学術振興・研究促進効果などの複合効果がある（P60〜64参照）。施設建設時から竣工後も継続的にさまざまな効果をもたらすのがMICEの特徴である。

　さらに、MICEの誘致や創造のために国際団体の本部や地域事務所を誘致したり、イベントや見本市を定期開催したりすることは国家戦略的、地域戦略的ビジネスと捉えることができる（P230参照）。

①MICEがもたらす経済効果

MICEという言葉を初めて公的に用いた政府機関であるシンガポール政府観光局は、MICEのもたらす経済効果を①経済波及効果②観光客より多い消費額③雇用創出効果の3つに大別している。

一つめの「経済波及効果」とは、直接的経済効果のみならず、さまざまな分野に波及する経済効果を指す（第4章参照）。2016年度に日本で行われたMICEに基づいて観光庁が算出したデータでは、同年度の日本のMICE全体の総消費額は約5,384億円に上り、主催者等の負担分を含めた外国人参加者1人当たりの総消費額は平均約33.7万円。1年分の経済波及効果は約1兆590億円と推計している（2017年度MICEの経済波及効果算出等事業）。

二つめの「観光客より多い消費額」というのは、日本へやって来た観光客がもたらす経済効果と、MICE関連で訪日する人（「ビジネスインバウンド」と呼ばれる）がもたらす経済効果を比べると、後者のほうが大きいという意味だ。

観光庁の調査に基づき野村総合研究所が試算[3]した数字がある。MICE関連の訪日客1人当たりの国内消費額は、観光客1人当たりの国内消費額の1.5倍だった。観光客はお土産や観光地での食事などの個人消費が主だが、MICE関連で訪日する人の消費はビジネス消費＋個人消費となる。「ビジネス消費＋個人消費」は「ブレジャー[4]消費」と呼ばれる。

三つめの「雇用創出効果」については、観光庁による2018年度の調査で推計がなされている。それによると、MICE開催に伴う経済活動によって生じた雇用創出効果は、約9万6,000人分、税収効果は約820億円と推計された。

②MICEがもたらすレガシー効果

レガシー効果とは、MICEが終わった後も残り続けるポジティブな効果の総称である。

例えば、国際スポーツ競技大会の経済効果は、観客が払う観戦チケット料などの

---

3. NRI Public Management Review　Vol.185（December 2018）。
4.「ブレジャー（Bleisure）」とは、「business（仕事）」と「leisure（余暇）」を合わせた造語。

直接的経済効果のみならず、広範囲の経済波及効果をもたらすのは想像に難くないだろう。東京都オリンピック・パラリンピック準備局が2017年3月に発表した「東京2020大会開催に伴う経済波及効果」によれば、同大会が全国に及ぼす経済波及効果は、大会招致が決まった2013年から大会10年後の2030年までの18年間で約32兆3,000億円、全国の雇用誘発数は約194万人だった。

経済波及効果のうち、競技会場の整備費、警備や輸送を含む大会運営費、大会観戦者らの支出、企業のマーケティング活動費などの「直接的効果」は約5兆2,000億円、交通インフラ整備、バリアフリー対策、訪日観光客数の増加、競技会場の活用、スポーツ人口やイベントの拡大などの「レガシー効果」は、約27兆1,000億円に上ると試算した。

また、歴史的意義のある国際会議の場合、参加者のみならず、その分野に関心を持つ世界中の人々の記憶に残る。例えば、1955年にインドネシアのバンドンで開かれた「アジア・アフリカ会議」。アジア・アフリカ各国の指導者が集った歴史的会議であり、「バンドン会議」の別名で知られる。

2回目以降は開催されなかったが、バンドンという都市の名は会議とともに世界中の人たちに記憶されている。インドネシアにとって、バンドン会議がもたらしたレガシー効果は非常に大きいだろう。

日本では、1997年に京都で開かれた「COP3／京都会議（気候変動枠組条約第3回締約国会議）」が大きなレガシー効果をもたらした（P128参照）。会議では先進国及び市場経済移行国の温室効果ガス排出の削減目的を定めた「京都議定書」が採択されたことから、世界中の環境問題に関心のある人たちの記憶に「京都会議」の名が刻まれた。国際社会でのプレゼンスを高める効果をMICEが持っていると言える。

③新産業創出のトリガーとしてのMICE

新産業の創出も、広い意味での経済効果・レガシー効果である。新産業の創出は主としてMICEの中の「E」、特に展示会・見本市の分野において顕著である。欧米のメッセやトレードショーは、新技術、新商品を広く売り出すための効果的な舞台である。国内外の主だったバイヤーが参加し、商談が次々と決まっていくので、

「一つの大規模な見本市・展示会に出展することによって、向こう1年分の仕事がすべて決まる」ことも少なくない。特に、起業間もないベンチャー企業にとっては、大規模な見本市・展示会こそ、自社の商品を売り込むための理想的な舞台となるのだ。

欧米のベンチャー企業は画期的な商品を開発したら、国際見本市に出展する。それをきっかけに欧米全体に一気に評判が広まるかもしれないし、別の企業との協働のチャンスがもたらされるかもしれない。欧米では展示会・見本市をジャンピングボードとして、新たな産業が次々と創出されてきたのである。

以上、MICEの持つ複合的効果をまとめたものが【図表-3】である。MICEの振興は、日本の国力やプレゼンスを高めることに繋がり、日本の産業振興における重要なファクターである。

MICE立国への高い可能性

日本でのMICE開催は次のような理由から高い可能性を有している。

①技術とビジネスの質が高く、層が厚い

日本のノーベル賞受賞者数は27人（2020年現在）で、アジアでは群を抜く。それに象徴されるように、大学・研究機関の質は高く、世界的企業も数多く存在する。

国際会議や展示会などに集う人々は、世界の学術やビジネスのトップクラスの人材群である。それらの人々に「ぜひ訪れてみたい」「また行きたい」と思わせるような魅力あるメッセージと価値を発信できるのが日本だ。

②国の美しさ・文化レベルが高い

MICE開催地を訪れる人々は、国際会議や展示会などに参加することだけを目的として来るのではない。ほとんどの人は「観光も兼ねて」やって来る。故に、観光地としての魅力があることは、MICE開催地としてこの上ない強みになる。日本が美しく魅力的な自然や観光地に満ちていることは、2015年以降のインバウンドの急増傾向を見ても明らかである。

また日本は、能・歌舞伎・日本庭園・浮世絵・着物など外国人にとって魅力ある

独自の文化とユニークベニュー[5]の宝庫である。和食は世界文化遺産に登録されているし、東京のミシュランガイドの星付き飲食店の数は世界一（2020年時点）で、文字通り世界一の美食国ともいえる。

③治安が良く清潔である

日本は世界有数の「治安の良い国」である。治安の悪い国・都市は、世界的な重要人物が集う国際会議では敬遠されるので、「治安の良さ」はMICE開催地としては大きなアドバンテージとなる。また、日本は世界屈指の清潔な国であり、コンベンション施設なども、清掃が行き届いて清潔である。日本人の「きれい好き」は、来日する人たちに強い印象を与えているようだ。

2019年にイギリスの『エコノミスト』誌が発表した「世界の都市安全性ランキング」で東京は1位に、大阪は3位に選出された。アメリカの経済誌『グローバル・

【図表 -3】 国家及び地域戦略ビジネスとしてのMICE

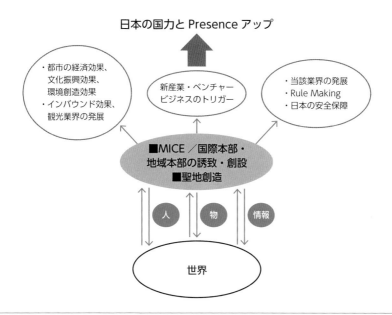

5. 歴史的建造物、文化施設や公的空間などで、会議やレセプションを開催するにあたり特別感や地域特性を演出できる会場のこと。

ファイナンス』が発表した「住みやすい都市」の2020年世界ランキングでも東京が
1位であった。

④会議やイベント運営の品質が高い

「これまで参加した国際会議の中で今回が最高だ。また日本に来たい」「過去最高
の国際会議だった」と、国際会議慣れしたVIPたちが感動するほど、日本人の会
議・イベント運営能力レベルは世界的に見ても非常に高いと思われる。

　何事においてもしっかりと準備に取り組み、時間を守ることなどにきちょうめん
で真面目な国民性故であろう。「ホスピタリティ（おもてなしの心)」の発露ともい
える。

MICE立国に向けた戦略

　MICEの開催は、既存のMICEを誘致する場合とゼロから立ち上げる場合とに分
けられる。

①定期開催を実現する国際機関の誘致

　定期開催のMICEと聖地は時間がたつとともに、価値を増すことが多い。ノーベ
ル賞とその授賞式、バイヤーら数千人の映画関係者が集まるカンヌ国際映画祭[6]な
どの国際見本市、世界の各分野のトップリーダーが集まる世界経済フォーラムの年
次総会「ダボス会議」、巨大な宗教行事などがその例である。

　そのような定期開催のMICEを自国に定着させるため有効なのが、国際機関など
の本部や地域本部を誘致または創設することだ。ニューヨークの国連本部やジュ
ネーブの国連専門機関では総会をはじめさまざまな会合が毎年、数多く開催されて
いる。ジュネーブに本部を置く30を超す専門機関や支部事務所は、スイスの安全保
障とも捉えられている。

　また、国連機関だけでなく、産業、文化、スポーツ、宗教など社会のあらゆる分
野の団体の本部、地域本部を日本に誘致・創設することは、MICEの創造や定期開
催に寄与するだけではない。当該分野の「Rule Making（ルールメイキング）」[7]に

---

6. ベルリン国際映画祭、ヴェネツィア国際映画祭とともに世界3大映画祭の一つ。

おいても有利に働く（P236参照）。

②「聖地」がプレゼンスを高める

「ウィンブルドン現象」という言葉がある。イギリスのテニストーナメント・ウィンブルドン選手権が海外選手にも門戸を開いた結果、地元勢が優勝できなくなったことになぞらえ、国内市場を開放したところ、海外企業が支配し、国内企業が淘汰されるような現象を指す[8]。産業や科学技術には栄枯盛衰があるが、歴史のある定期イベントの開催地として定着すると他国には真似のできない価値が生まれる。ウィンブルドン選手権はたった2週間であるが、世界最高峰のトーナメント、「テニスの聖地」として莫大な経済（波及）効果を生んでいる。

聖地づくりは、観光客の誘致やMICEの創設・定期開催に効果的で、大きなレガシー効果をもたらす。レガシー効果には、ピラミッド[9]のように意図せず生まれた歴史的なものがある一方、都市、国を挙げて戦略的に仕掛け、レガシー効果を生むように狙ったものがある。前出のウィンブルドンのように日本も「聖地づくり」に成功したら、戦略的なMICE効果を創出できるだろう。

埼玉県の大宮（旧大宮市、現さいたま市）の「盆栽の町」を例に挙げよう。「盆栽の町」は関東大震災を機に東京の盆栽師たちが大宮へ集団で移住し、自治共同体として「大宮盆栽村」を作り上げたことに始まる。大宮市を合併したさいたま市はこれを戦略的に活用し、「盆栽の聖地」としてのイメージを作り上げるためのさまざまな施策を行ってきた。

1989年の第1回「世界盆栽大会」は大宮市（当時）で開催され、以降世界各地で開催され、まさに「盆栽のワールドカップ」となっている。さらに2010年には「さいたま市大宮盆栽美術館」をさいたま市北区に開いたが、これは日本で唯一の盆栽に特化した公立美術館である。大宮盆栽村はすでに「盆栽の聖地」である。

---

7. 日本は認証取得などルール対応に集中するが、欧米は本部設立と自国や自社に有利なルールメイキング（規則や国際ルールの策定・変更）を仕掛けてくる。
8. 2013年にイギリスのアンディ・マレー選手が77年ぶりに優勝した。
9. ピラミッドは後世、観光資源となることを狙って造ったものではないにもかかわらず、現在、エジプト最大の観光資源となっており、未来永劫、世界有数の遺跡として観光客を集め続けるだろう。ピラミッドがエジプトにどれほどの経済効果をもたらしたのかは、また今後ももたらすのかは、もはや計測不可能だ。

2020年２月、韓国映画『パラサイト　半地下の家族』が、英語以外の映画で米アカデミー賞作品賞を受賞するというアカデミー史上初の快挙を成し遂げた。今後、韓国に多大なレガシー効果をもたらすことは想像に難くない。すでに同作のロケ地は観光名所になっている。

再定義されるMICE産業の未来

　戦後75年を迎えた2020年の4月、新型コロナウイルス対策の特別措置法に基づく「緊急事態宣言」が日本で初めて発令され、2021年1月には2回目が発せられた。世界全体の死亡者数は250万人を超えた（2021年3月）。同年開催されるはずだった東京オリンピック・パラリンピック競技大会は1年延期になり、観光産業、イベント業界、エンターテインメント業界を直撃した。

　このような状況下、サザンオールスターズが2020年６月、横浜アリーナで無観客ライブを開き、８つのメディアを通して有料配信した。チケット購入者は約18万人、総視聴者は推定50万人に上ったことは大きく報じられた。中止・延期となった医学系学術総会は、オンラインやハイブリッドで再開され、従来に比べ大幅に参加者を増やした（P205参照）。政府間会議や国際会議もオンラインやビデオ配信で行われるようになった。

　ウェブ会議やオンラインイベント、ハイブリッドコンベンション（P201参照）の時代には、MICEやコンベンションの定義である「人、物、情報の直接的交流」から「直接的」という要素が消えるだろう。しかし、リアル（Onsite ／ Face to Face）がこのまま衰退するわけではない。オンラインとリアルはトレードオフの関係ではないからだ。

　グラハム・ベルが電話の実験に成功した時の有名な最初の言葉がある。

　"Mr. Watson, Come here. I want to see you"（ワトソン君、用事がある、ちょっと来てくれたまえ）

　ITやICTの革新はコミュニケーションの全体量を増加させ、新しい形のMICEが生まれる土壌を育み、リアルとバーチャルはともに進化していくと予想される。インターネットが普及し始めた頃、コンベンションやミーティング産業は衰退するという論調が国内外にあったがその後の欧米の開催件数のデータは右肩上がりであっ

コロッセウムは5万人収容できる施設だった

© imageBROKER/hwo/amanaimages

た。MICEの各分野のコンテンツは、時代に合わせて栄枯盛衰を繰り返したとしても、MICE自体は時代に適応しながら進化していくだろう。

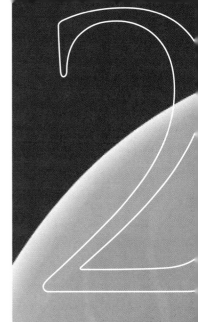

第2章

日本の
MICE（コンベンション）の変遷

敗戦から奇跡的な経済復興を果たした1950年代後半、国際会議が日本で開催されるようになった。1964年の東京オリンピック、1966年の国立京都国際会館開業や日本コンベンションビューロー設立、1970年の大阪万国博覧会を経て、1980年代、第1次コンベンション・ブームを迎える。コンベンション施設建設が数多く計画され、コンベンション企画運営会社の新規参入が相次いだ。ブームはバブル経済崩壊で終わり、「失われた20年」に突入。21世紀に入り、インバウンドの飛躍的増大を背景に第2次コンベンション・ブームが到来する。国際会議・国際イベントが日本史上最多となった2019年、ブームは頂点を迎えるが、新型コロナウイルスに終止符を打たれ、新たなMICEの時代に入った。本章は、日本のMICEの歴史を、観光庁が重視する国際会議を中心に振り返る。

日本におけるMICEの誕生とその歴史

日本のMICEの始まり

　日本におけるMICEの前段の歴史が本格的にスタートしたのは、1950年代後半のことである。太平洋戦争の敗戦からわずか10年余りで、日本が奇跡的な復興を成し遂げた頃のことだ。当時は、高度成長期の到来を告げる神武景気（1954年12月〜1957年6月）の真っただ中、日本経済は戦前を上回るまでに回復し、1956年の『経済白書』には「もはや戦後ではない」という有名な一節が登場した。

　経済が高度成長を続ければ、当然、諸外国からビジネスパーソンが数多く日本にやって来る。学術的・文化的な国際会議も日本で開催されるようになった。

　1957年には、文筆業従事者が組織する国際団体「国際ペンクラブ」の日本大会が、東京と京都で開催された。「日本ペンクラブ」（国際ペンクラブの日本センター）が主催したもので、招致の中心となったのは、当時日本ペンクラブの会長を務めていた川端康成であった。川端はのちに日本人として初めてノーベル文学賞を受賞するが、その頃から日本を代表する作家として国際的に活躍していた。

　1957年の国際ペンクラブ大会のテーマは、「東西両洋文学の相互影響」。国際ペンクラブ大会を日本で開き、著名な文学者を多数招いたことで、欧米ではあまり知られていなかった戦後の日本文学が広く知られるようになり、極めて意義深かった。11年後の1968年、川端のノーベル文学賞受賞にも影響を及ぼしたかもしれない。国際ペンクラブ大会は、戦後の日本で行われた国際会議の先駆的事例となった。

　日本で国際会議や大型見本市が開かれるようになれば、それにふさわしい会場が必要になる。そうしたニーズに応えるため、コンベンション施設の建設が始まり、日本のMICEの歴史が幕を開けたのだ。

　日本のコンベンション施設の嚆矢となったのが、1956年に大阪市港区の朝潮橋に建設された「大阪国際見本市港会場」である。当時、国際見本市は東京と大阪で毎年交互に開催されることになっており、その大阪会場として建設されたものであった。3年後の1959年には、東京・晴海に「東京国際見本市会場」が落成した。同年には大阪国際見本市港会場の2号館も増設されている。

東京国際見本市会場を舞台とした黎明期の代表的な国際コンベンションとしては、1961年に開催された「第52回国際ロータリー年次大会」が挙げられる。参加者は70カ国から外国人7,400人、日本人１万6,000人が集った大規模なものであった。

　1960年代に入っても、「岩戸景気」（1958年7月〜1961年12月）、「オリンピック景気」（1962年11月〜1964年10月）、「いざなぎ景気」（1965年11月〜1970年7月）と好景気が続いた。特に、1964年の東京オリンピック開催と成功は、世界中から大勢の人を日本に呼び込み、多方面にレガシー効果をもたらした。

日本初の国際会議場KICH開館

　1966年には、公開懸賞競技設計（コンペティション）を経て大谷幸夫氏が設計した、日本初の国際会議場である「国立京都国際会館（KICH）」[1]が開館した。以後、同会館は国際会議誘致に大きな力を発揮していくことになる。

　大阪国際見本市港会場の誕生（1956年）から東京オリンピック（1964年）を経て、国立京都国際会館の開館（1966年）に至る10年間は、日本のMICE（コンベンション）の揺籃期といえる。

　なお、大阪国際見本市港会場は、1985年に、朝潮橋から大阪市住之江区の人口島・咲洲に移転した。大阪国際見本市会場は現在、「インテックス大阪」[2]の愛称で親しまれ、総展示面積7万㎡という広さは、国内では東京ビッグサイト（東京国際展示場）、幕張メッセに次いで第3位である。2019年、日本で初開催となったG20サミットの会場はインテックス大阪だった。

　一方、1959年に開館し1990年代半ばまで日本の代表的コンベンション施設として数々の歴史を生んだ晴海の「東京国際見本市会場」は、1996年、東京都江東区有明に東京ビッグサイトが完成したのに伴い閉館した。

---

1. Kyoto International Conference Hallの頭文字をとったもの。現在、英語名称は「Kyoto International Conference Center（略称は「ICC Kyoto」）」に変更される。国立京都国際会館の初代理事長は松下幸之助。
2. インテックスはInternational Exhibition Center の略。

東京オリンピックと「日本コンベンションビューロー」の誕生

　日本のMICEの歴史を見ると、1964年の東京オリンピックが与えた影響は大きい。大型国際会議を開催するには、当時ホテルも交通インフラも不十分であったのが、東京オリンピックを機に一気に整備が進んだのである。

　オリンピックは、インフラなどの整備が立ち遅れた国で開催されることになると、一気に整備を進める強い力となる。日本においてもしかりで、東京オリンピックは1959年の開催決定から1964年の本番までの間に、日本社会を変貌させた。競技場・選手村・練習場などの建設、地下鉄・高速道路などの交通網の整備、観客用のホテル建設などが、それぞれ急ピッチで進められた。首都高速1号線の完成、東京モノレールの開業、東海道新幹線の開通、羽田空港の拡張も、ほぼ同時期に開催された東京オリンピックへの対応であった。

　インフラ以外にも、東京オリンピックを機に発展したものや新たに生まれたものがある。野地秩嘉著『TOKYOオリンピック物語』（小学館文庫）に詳しく紹介されているが、日本の冷凍食品の品質は、東京オリンピックを境に飛躍したとされる。選手村の大量の食事は、一部に冷凍食品を利用しなければ賄いきれず、その必要性が急速な進歩を促したのである。今では巨大産業となっている民間警備業界も、東京オリンピックの時に礎が築かれた。日本初の民間警備会社である日本警備保障（現セコム）が、選手村の警護を一手に引き受けたことにより、民間警備会社の社会的認知度が高まったことが民間警備業界の躍進のきっかけだと言われている。

　東京オリンピックの翌年には、国際観光振興会、地方自治体、日本観光振興協会、日本ホテル協会、日本航空などが中心になって、国際会議の誘致促進をめざす「日本コンベンションビューロー（JCB）」が設立された。同団体は1966年に発展的に日本政府観光局（JNTO）の中に合併され、引き続き海外からのコンベンションの誘致活動と国内での受け入れ体制充実のための活動を担っていく。日本コンベンションビューローは、日本における「コンベンション」という言葉を使った先駆けである。

　日本コンベンションビューローが観光関連団体の尽力によって設立されたことにより、その後の日本のMICE政策は運輸省から国土交通省・観光庁の所管となった。

日本への国際会議誘致を担う「日本コンベンションビューロー」の設立、我が国初の国立の国際会議施設「国立京都国際会館」の開館、大型ホテルの整備など環境が整ったことで1967年以降、大規模な国際会議が相次いで開かれることになった。国際生化学学会、国連犯罪防止刑事司法会議、国際遺伝学会、国際外科学会、国際港湾協会総会、日米市長交流会議、ライオンズクラブ国際大会などがその例として挙げられる。

国際会議が開かれるようになると、運営を専門的に担う企業が必要になり、「PCO」と呼ばれる国際会議をオーガナイズするプロフェッショナル集団が登場した。日本初のPCOは1965年設立の「サイマル・インターナショナル」である（同社はその後、ベネッセ傘下を経て2020年TAKARA & COMPANYの子会社となる）。PCOが会議通訳（同時通訳）・翻訳業から生まれたのは、欧米にはない日本のコンベンション業界の特徴だ。

1970年代　広がりゆくコンベンション・ビジネス

1970年代に入ると、日本のMICEはさらに活況を呈する。最大の起爆剤となったのが1970年の「大阪万国博覧会（EXPO1970）」である。世界77カ国からの出展を得て行われた一大イベントは、1964年の東京オリンピックと並ぶ最大級の国際イベントとなった。大阪府吹田市の千里丘陵で開催された大阪万博は、総入場者数6,421万人、うち外国人が約170万人にも上り、日本にもたらした経済効果は3兆円を超えたと言われる[3]。

大阪万博は、他のMICE分野への波及効果も極めて大きいものであった。183日間に及んだ開催期間中、万博の見学を兼ねたコンベンションや企業イベントが盛んに行われた。国際会議参加者の多くは観光も楽しみにやって来るものであり、万博見学を兼ねて会議を行えることは国際会議の主催者・参加者にとって大きな魅力だった。それまで東京と京都に集中していた国際会議が、大阪、神戸、名古屋などに広がるきっかけともなった。

日本の大企業が海外の代理店や現地法人の営業担当者たちを招く報奨旅行や販売会議も、大阪万博を契機に盛んに行われるようになった。

大阪万博が呼び水となって、日本のコンベンション・ビジネスは大きな広がりを

見せ始めるのと並行して、1970年代後半から、「コンベンション」という言葉は徐々に広い意味を持つようになっていった。国際会議、見本市、展示会、インセンティブ・ミーティング、博覧会、自治体イベント、映画祭、音楽祭など、人・物・情報が交流する直接コミュニケーションをすべて「コンベンション」と定義するようになった。

　大阪万博以後のコンベンションの隆盛の中でも、特に国際会議は、1960年代後半のブームに続き、1970年代中盤から後半にかけて再び活況を呈した。1976年の「国際血液学会議」、1977年の「国際看護婦（看護師）協会大会」、1978年の「国際無線通信諮問委員会（CCIR）[3]」「国際眼科学会」「世界心臓病学会」など、医学系の大型国際会議が日本で相次いで開かれた。1978年には、「国際ロータリー大会」「国際ライオンズ大会」が東京で開催された。

　そして、1979年6月、東京・赤坂の迎賓館赤坂離宮で、「第5回先進国首脳会議（東京サミット）」が開催された。

1980年代　第1次コンベンション・ブームの到来

　1980年代に入ると、日本に「第1次コンベンション・ブーム」が到来した。コンベンション企画・運営会社の新規参入が相次ぎ、日本各地に次々と大型コンベンション施設が計画・建設された。アリーナやスタジアムを含め、現在の多くの国内コンベンション施設は、この時期に計画・建設されたものが多い。また、地域のコンベンションビューローや推進協議会の設立もこの頃ラッシュを迎えた。

　実際、MICE業界にとって、コンベンション施設の建設はプラスに働いた。前述の通り1970年代には国際会議などの日本開催が増加したが、コンベンション施設の不足は誘致の大きなネックとなっていた。第1次ブームで地方にコンベンション施設が整備されたことは、誘致のネック解消に繋がり、日本のMICEを大いに活性化させたのである。

　コンベンション施設の建設ラッシュと並行して、1980年代には「地方博ブーム」

---

3. 国連の専門諮問機関の一つである国際電気通信連合（ITU）の常設機関（現在はITU-R）。ITU全権委員会議も1994年京都で開催された。両会議とも3〜4週間の長期国際会議として有名である。

が起きた。1981年に神戸で開催された「神戸ポートアイランド博覧会（ポートピア81）」を先駆けに、1983年の「新潟博」、1984年の「とちぎ博」、1986年の「秋田博」、1988年の「なら・シルクロード博」、1989年の「横浜博」などが次々と開催された。

　1980年代後半に入ると、地方博ブームに加えバブル経済[4]が第1次ブームをさらに加速させた。1988年は、市制町村制制定（1888年）100周年の記念すべき年でもあり、自治体は市制100周年の記念事業として地方博を開いたり、コンベンション施設を造ったりして、コンベンション都市に飛躍しようとしたのだ。

　1960年代後半から1980年代前半にかけ、着実に力をつけたコンベンション関連業者は、地方活性化とバブル経済による好景気によって力を存分に発揮する場を与えられ、第1次ブームを実のあるものにした。当時のコンベンション・ビジネスは、広告代理店、旅行代理店、ディスプレイ業界、PCO、見本市運営会社、マスメディアなどによって展開されていたが、徐々にすみ分けされ、国際会議はPCO、見本市や展示会は新聞社・主催運営専門会社・ディスプレイ業者、企業イベントや大規模イベントは大手広告代理店が取り仕切ることが多くなっていった。

　新聞社が見本市やスポーツ・イベントなどを主催・共催するケースが多いのは、海外には少ない日本の特徴である。甲子園から囲碁・将棋の公式戦に至るまで、大手新聞社は昔から大きなイベントに深く関わってきており、新聞社は日本におけるMICEのメインプレーヤーの一つなのである。

　文豪・井上靖が第22回芥川賞（1949年下期）を受賞した『闘牛』は、新聞社主催の闘牛大会を題材にした物語である。モデルとなったのは、戦後を代表するイベントプロモーター・小谷正一が、西宮球場で仕掛けた闘牛大会である。井上は毎日新聞の記者出身で、大阪本社に同期入社した小谷とは親しかったと言われる。また、井上自身も学芸部副部長時代、囲碁の本因坊戦や将棋の名人戦の運営に携わっている。『闘牛』は、日本のごく初期の興行系イベントの雰囲気を伝える貴重な資料でもある。

　第1次コンベンション・ブームは、バブル崩壊によって終止符が打たれた。1980年代を通じて行われた多くの地方博の大半は黒字だったが、後半になると状況に陰

---

4. 一般に日本のバブル景気といえば、1986年12月から1991年2月までの51カ月間に起きた、株式や不動産を中心とした資産価格の高騰と記録的な好景気を指す。

りが見え始めていた。1988年に開催された「世界・食の祭典」は90億円近い赤字となり、北海道経済に大きなダメージを与えたと言われている。

第1次ブームのさなかの1987年、通産省（当時）産業政策局長の私的諮問機関「イベント研究会」が日本の地方イベントの特質を分析していた。同研究会の報告書には、日本の地方イベントの問題点として、①地方イベントにおける目的意識や責任体制の不明確さ②見本市や展示会でのソフトウエアの不足と関連企業のソフト業務への適正な評価の未確立③イベント需要の変動と不定期性④イベントプロデューサーの業務範囲、役割の不明瞭性、が列挙されている。

「失われた20年」

1991年から1993年にかけて我が国が経験したバブル経済の崩壊は、MICEの世界にも影響を与えた。特に大きなダメージとなったのは、1990年代の初め頃まで順調に進んでいたコンベンション施設の建設と増床の動きが、止まってしまったことである。それどころか、バブル期に造られた施設は「箱物行政」のシンボルとしてやり玉に挙げられ、一部の施設では「維持費用がかかり過ぎるから潰せ」という圧力が強まった。

その頃、欧米やアジアのMICE先進国では、コンベンション施設の建設・増床ラッシュが起き、諸外国特にアジア各国との格差が拡大することになった（P180参照）。

バブル崩壊までの日本のMICE環境は、ハード、ソフト共に世界最高レベルにあった。だが、バブル崩壊後の景気低迷が長く続いた「失われた20年」の間に、日本の優位性は消え去った。

追い打ちをかけるように、2008年秋にアメリカで「リーマン・ショック」が起き、日本経済もさらに甚大な影響を被った。2010年にはGDPで中国に抜かれ、世界3位となった。「失われた20年」は「失われた30年」の様相を呈し始めたのである。

ただ、日本のMICE業界にとって大きな救いとなったのは、この期間にもIT及びインターネット系のイベントが盛況であったことだ。IT系のイベントが増加しだしたのは、1980年代後半からである。1991年に幕張メッセでIDGジャパンが開催したMacworld Expo[5]（アップル製品及び関連の発表や展示）は、大型IT系展示会の

先駆けとなった。1995年には日経BP主催の巨大イベントWORLD PC EXPOもスタートした。

　バブル崩壊後もIT及びインターネット関連イベントを扱うMICE関連企業は「失われた20年」でも成長することができた。

2000年　第2次コンベンション・ブームの興隆

「失われた20年」の経済低迷を経て、21世紀に入り日本は「第2次コンベンション・ブーム」を迎える。「MICE」という言葉が生まれてから初のブームであるから、「初のMICEブーム」いう言い方もできるが、本書では「第2次ブーム」と呼ぶ。

　第2次ブームは、2008年に国土交通省の外局として設置された観光庁が中心となって、国を挙げてMICEを推進する形で起きた。2013年に閣議決定された「日本再興戦略」においては「2030年にはアジアNo.1の国際会議開催国として不動の地位を築く」という目標が掲げられた。

　第2次ブームの到来には、いくつもの要因が絡み合っている。一つは、インバウンドの飛躍的増大である。次に、中国の経済的台頭や、アジア各国の経済発展である。いくら日本がビザの発給要件を緩和して「来てください」と言ったところで、相手側に海外旅行をする経済的余裕がなければ、インバウンド・ブームは起きなかった。

　第2次安倍政権（2012年12月26日〜2020年9月16日）が推進した「アベノミクス」も、第2次ブームを後押しした。戦後の高度経済成長が日本のMICEの土台を築き、1980年代のバブル景気が第1次ブームを加速させたように、国の経済発展及び文化などの総合的国力とMICEの隆盛は密接にリンクしている。

　2013年に東京オリンピック・パラリンピック競技大会の2020年開催が決定したことも、第2次ブームの呼び水となった。加えて、2019年の「ラグビーワールドカップ」、2021年の「ワールドマスターズゲームズ2021関西」という世界的なスポーツ・イベントが3年連続して日本で行われることになり、「ゴールデン・スポーツイヤーズ」と呼ばれるようになった（東京オリンピック・パラリンピック競技大会、ワー

---

5. Macworld Expo/Tokyoは2002年、WORLD PC EXPOは2006年に終了し、2010年頃までにIT・インターネット系イベントブームは終焉を迎えた。

ルドマスターズゲームズ2021関西はそれぞれ1年延期された）。

　コロナ禍など知る由もないこの頃、世界的な3つのスポーツ・イベントの開催への人々の期待感と高い相乗効果を生み出そうとする社会の動きが、第2次ブームをもたらした要因の一つでもある。

　そして2019年は、国及び関連機関の努力もあり、日本史上もっとも国際会議、国際イベントの多い年となった。G20首脳会合及び8つの関係閣僚会合、即位礼正殿の儀と出席約50カ国の要人と総理大臣との個別会談、ラグビーワールドカップ、第25回ICOM（国際博物館会議）、第7回アフリカ開発会議、IPCC（気候変動に関する政府間パネル）第49回総会、女性政治指導者サミット他、数多くの国際会議が開催された。

コロナと共存するMICE

　第2次ブームに沸く日本を襲ったのが、2020年に入って全世界で大流行した新型コロナウイルスである。人・物・情報の直接コミュニケーションを追求してきたMICEは、感染拡大防止のため「3密」回避を迫られ、海外との往来も遮断された。このため2020年3月以降、国際会議、学術集会、見本市、エンターテインメントは軒並み中止・延期となり、一部はオンラインでの開催に変わった。同年9月以降、厳しい安全対策の下、学術会議や展示会が開かれるようになったが、依然として厳しい移動制限は続き、フィジカルディスタンスの確保などの観点から、リアルとオンラインを融合したハイブリッド型MICEが登場した。

　政府は、2016年3月策定の「明日の日本を支える観光ビジョン」で、2030年に訪日外国人旅行者数6,000万人（2015年の3倍）、訪日外国人旅行消費額15兆円（2015年の4倍）を掲げるとともに、将来的にMICEの誘致促進をオールジャパン体制で支援するとの方針を定めた。2018年7月のMICE国際競争力委員会の提言は、官民挙げて目指すべきMICEの全体目標として「2030年MICE関連訪日外国人消費相当額8,000億円」を設定した。2020年10月、政府はこれらの目標を維持する方針を出している。

第3章

日本のMICE政策

日本のMICEの誘致・開催は、国（観光庁）、日本政府観光局（JNTO）、コンベンション＆ビジターズビューロー（CVB）の３者が連携して推進する体制である。観光庁は、誘致方針や予算要求など全体の戦略を策定する。JNTOは、ナショナルビューローとして誘致・開催の支援や日本全体のプロモーション活動を担い、CVBは地域の司令塔として、誘致・開催の「営業・マーケティング・広報宣伝本部」の役割を果たす。CVBとほぼ同義語としてDMO（Destination Marketing Organization）が広がっている。

　本章では、観光庁が、MICEの意義からグローバルMICE都市の選定やユニークベニューの開発などの個別政策までを解説する。また、地方都市のCVBはどのようにコンベンションを誘致しているのかについて松江市コンベンションビューローを例に紹介する。

観光庁のMICE政策

観光庁国際観光部

　現在、我が国においては、2030年訪日外国人旅行者数6,000万人、旅行消費額15兆円等の目標達成に向けて、政府を挙げて取り組んでいる。その中でも、MICEの誘致を促進することは、一般の旅行者に比べて、大きな消費が期待されることに加え、新しいビジネスの展開にも繋がる等、開催地域に大きな経済波及効果をもたらすものであり、我が国の経済をより力強いものとするために必要不可欠と考えている。

MICEの意義

　MICEとは、企業等の会議（Meeting）、企業等の行う報奨・研修旅行（Incentive Travel）、国際機関・団体、学会等が行う国際会議（Convention）、展示会・見本市、イベント（Exhibition/Event）の頭文字のことであり、多くの集客交流が見込まれるビジネスイベントなどの総称である。

　MICEは、企業・産業活動や研究・学会活動等と関連している場合が多いため、一般的な観光とは性格を異にする部分が多い。このため、観光振興という文脈でのみ捉えるのではなく、MICEについて、「人が集まる」という直接的な効果はもちろん、人の集積や交流から派生する付加価値や大局的な意義についての認識を高める必要がある。

　具体的には、以下に掲げる3つの主要な効果が考えられる。

① ビジネス・イノベーションの機会の創造

　MICE開催を通じて世界から企業や学会の主要メンバーが我が国に集うことは、我が国の関係者と海外の関係者のネットワークを構築し、新しいビジネスやイノベーションの機会を呼び込むことに繋がる。

② 地域への経済効果

　MICE開催を通じた主催者、参加者、出展者等の消費支出や関連の事業支出は、MICE開催地域を中心に大きな経済波及効果を生み出す。MICEは会議開催、宿泊、飲食、観光等の経済・消費活動の裾野が広く、また滞在期間が比較的長いと言われており、一般的な観光客以上に周辺地域への経済効果を生み出すことが期待される。

③ 国・都市の競争力向上

　国際会議等のMICE開催を通じた国際・国内相互の人や情報の流通、ネットワークの構築、集客力などはビジネスや研究環境の向上に繋がり、都市の競争力、ひいては、国の競争力向上に繋がる。海外の多くの国・都市が経済戦略の中で、その達成手段の一つとしてMICEを位置付け、戦略分野・成長分野における産業振興、イノベーション創出のためのツールとして国際会議や見本市を活用しており、我が国においても、MICEを国・都市競争力向上のツールとして認識し、活用することが重要である。

日本のMICEの開催状況

　ICCA（International Congress and Convention Association：国際会議協会）の統計によれば、世界全体の国際会議の開催件数は年々増加傾向にある。国際機関・学会の本部の多くが設置されているヨーロッパが世界全体の約半数を占めているものの、急速な経済成長を背景にアジアや中東地域は、特に開催件数の伸び率が高い。

　そのような情勢の中、2018年の世界全体における国際会議開催件数は1万2,937件に上り、前年より379件増加した。2018年の我が国における国際会議開催件数は492件で、世界第7位である（【図表-4】参照）。

【図表 - 4】 国別国際会議開催件数（2017 ～ 2018 年）

	2018				2017	
	順位	対前年	（件数）	対前年	順位	（件数）
アメリカ	1	→	（947）	＋6	1	（941）
ドイツ	2	→	（642）	−40	2	（682）
スペイン	3	↗	（595）	＋31	4	（564）
フランス	4	↗	（579）	＋73	6	（506）
イギリス	5	↘	（574）	−18	3	（592）
イタリア	6	↘	（522）	＋7	5	（515）
日本	7	→	（492）	＋78	7	（414）
中国	8	→	（449）	＋73	8	（376）
オランダ	9	↗	（355）	＋48	10	（307）
カナダ	10	↘	（315）	−45	9	（360）

出典：「ICCA Statistics Report 2017,2018」に基づき観光庁作成 ※2019年5月時点

観光庁のMICE誘致・開催推進の取り組み

① 「日本再興戦略」／「観光ビジョン実現プログラム」

　2013年6月14日に閣議決定された「日本再興戦略-JAPAN is BACK-」においては、「2030年にはアジアNo.1の国際会議開催国としての不動の地位を築く」という目標が掲げられ、多くの人や優れた知見、投資を日本に呼び込む重要なツールとしてMICEが位置付けられた。

　また、2018年6月12日に観光立国推進閣僚会議で決定された、「観光ビジョン実現プログラム2018」（観光ビジョンの実現に向けたアクション・プログラム2018）においても、観光立国実現に向けた主要な柱の一つとしてMICEが位置付けられており、これらの戦略に基づく具体的なアクションを通じて、我が国のMICEの一層の発展を図っていくこととしている。

②MICEブランドの構築

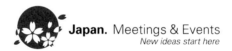

（ブランドロゴ）

　国際会議やコーポレートミーティングなど、ビジネスイベントの開催地としての日本の魅力を最大限に伝え、日本での開催を後押しするため、2016年3月にMICEブランドロゴを構築した。MICE関係者に対し共通の理念や目的意識を統一し、オールジャパン体制によるMICE誘致・開催を促進するとともに、海外の主催者に対し、日本のMICEブランドの認知度向上と差別化を図ることで、日本でのMICE開催を誘致するための広報活動の支援を図っている。

③日本政府観光局（JNTO）との連携

　観光庁では、JNTOと連携して、国際会議開催地としての日本の認知度向上のため、海外見本市への出展や海外でのセミナー・商談会の開催、招請事業等各種プロモーション事業を実施するとともに、誘致・開催活動を行っている主催者等に対して、ノウハウの提供等具体的な支援を行っている。

　例えば、国際会議は通常、複数の国から立候補があり、主催団体内の投票等により決定されるが、その際、開催国政府からの支援状況も重要な判断要素となる。我が国としても、国際会議等の積極的な誘致を図るにあたり、会議の成功を支援する姿勢と熱意を示すため、JNTOと連携し、会議開催分野の関係省庁や総理、観光庁長官の招請レターを発出する等の支援を行っている。

④グローバルMICE都市

　国際的なMICE誘致競争が激化する中、海外競合国・都市との厳しい誘致競争に打ち勝ち、我が国のMICE誘致競争を牽引することができる実力ある都市を育成するため、2013年以降、「グローバルMICE戦略・強化都市」を12都市選定し、MICE誘致力向上のための支援事業を実施してきた。

⑤**コンベンションビューローの支援**

　MICE誘致の司令塔であるコンベンションビューローのさらなる機能高度化を図るため、グローバルMICE都市か否かを問わず、MICE誘致・開催において能動的な活動を行っているモチベーションの高い都市に対し、高度な専門知識と国際ネットワークを有する有識者を派遣してトレーニング及びコンサルティングを実施している。

⑥**ユニークベニューの開発・利用促進**

　海外においては、会議やレセプション開催時に、歴史的建造物や公的空間等で特別感や地域特性を演出できる会場「ユニークベニュー」を利用することが一般的となっている。またMICE誘致に際し、「ユニークベニュー」が利用できることは、開催地決定のカギとなっている。このような状況を踏まえ、観光庁では我が国の「ユニークベニュー」の開発・利用促進を図っている。

東京国立博物館
イベント開催時

　また、国内最大級の複合MICE施設、パシフィコ横浜（正式名称：株式会社横浜国際平和会議場、所在地：横浜市）は、2019年7月29日と30日の2日間、国際会議参加者向けユニークベニュープログラムとして、"はしご酒体験"イベント『野毛おもてなしナイト』を企画・開催した。こうしたナイトタイムエコノミー（夜間の経済活動）促進とMICE参加者を送客する新しいユニークベニュー提案に繋がる取り組みを推進することも、我が国の観光促進への貢献となる。

⑦ブレジャーの活性化

　観光庁では、MICEに関連して訪日する外国人が、その出張の前後に休暇を追加し、余暇目的の旅行を行う「ブレジャー」を推進することにより、MICE参加者の日本滞在期間の延長や消費単価の向上をめざしている。また、国内企業の社員が出張時においてブレジャーを実施することも国内旅行需要の喚起に資することから、MICE関連訪日外国人への取り組みと併せて推進を図っている。

⑧MICE推進関係府省連絡会議

「明日の日本を支える観光ビジョン」に基づき、MICEの受け入れ環境整備や誘致拡大に関係府省が一丸となって支援するための枠組みとして、2016年12月に「MICE推進関係府省連絡会議」を設置した。新たなMICE推進政策の検討を実施し、定期的に取り組み状況の確認を行うことで、MICE誘致・開催に向けて連携体制の強化を図っている。

　以上が、観光庁のMICE誘致・開催に向けた主な取り組みである。2019年はG20サミットや各閣僚級会合を日本がホストした他、アジアで初となるラグビーワールドカップも開催された。また、東京オリンピック・パラリンピック競技大会やワールドマスターズゲームズ2021関西、2025年日本国際博覧会（大阪・関西万博）など世界が注目する大きなイベントが日本で開催される予定である。これらは、MICEの誘致に向け、開催地としての日本が持つ長所、魅力、日本開催のメリットを知ってもらう大きなチャンスとなる。

　観光庁は、この絶好の機会を逃さず、官民一体で取り組むことでMICE産業のさらなる振興をめざしている。

〈観光庁〉

日本政府観光局（JNTO）の施策

　日本政府観光局は観光庁所管の独立行政法人である。正式名称は「独立行政法人国際観光振興機構（Japan National Tourism Organization）」、略して「JNTO」と呼ばれる。観光庁が「観光立国」に向けた総合的かつ計画的な取り組みをするのに対し、JNTOは、訪日プロモーションの実施主体である。MICE誘致に関してはナショナル・ビューローとして、22海外事務所を通じてマーケティング活動を実施している。

　JNTOの国際会議誘致・開催支援には、立候補支援、誘致活動支援、会議開催支援がある。立候補支援は「国際会議誘致マニュアル」の提供、開催都市選定の手伝い、候補都市コンベンションビューローの紹介、ビッドペーパー（立候補書類）の作成の手伝い、JNTO理事長・観光庁長官・関係省庁大臣のレター発出などがある。

　誘致活動支援では、日本で国際会議を開催する可能性のある団体の、開催地決定に権限を持つキーパーソンを対象に、日本の開催候補都市への招請を行っている。この他、プレゼンテーションのコンサルティング、PR素材（画像・映像）・グッズの提供などがある。

　国際会議開催支援では、寄付金募集・交付金交付制度がある。JNTOに寄付をした場合、寄付金の法人税・所得税が控除されるため、JNTOは国際会議の主催者に代わり、日本で開催する国際会議への寄付を募り集まった寄付金の一部を要件（参加する外国人が約50人以上／参加国数が日本を含め3カ国以上／開催に要する全経費が約500万円以上）をクリアした国際会議主催者に対し、審査会で協議の上交付金として交付している。

　また、JNTOは観光庁と共同して、2013年から「MICEアンバサダープログラム」を実施している。日本の産業界や学術界から国内外に対する発信力とネットワークを持つ人を選んで「MICEアンバサダー」に委嘱し、国際会議開催の意義についての普及啓発活動や、具体的な国際会議の日本への誘致活動に携わってもらうプログラムである。JNTOのウェブサイトには、MICEアンバサダーの尽力によって誘致された国際会議等の「誘致成功実績」が列挙されている。

　企業ミーティング・インセンティブ誘致・開催支援については、海外インセンティブ旅行主催企業・旅行会社をを対象としたセミナー・商談会を開催している。

また、「JAPAN Best Incentive Travel Awards」の制度を設け、国内外のMICE関係者の訪日インセンティブ旅行への理解と意欲向上を目的として訪日インセンティブのベスト・プラクティスの事例を表彰している。

CVB（Convention & Visitors Bureau：コンベンション&ビジターズビューロー）とは

CVBとは、MICEや観光客を誘致する組織で、国単位のものと地域単位のものに大きく分けることができる。企業で言えば営業本部、マーケティング本部、広報宣伝部の役割だ。

日本では、国単位のCVBは日本政府観光局（JNTO）がその役割を担っている。また、日本コングレス・コンベンション・ビューロー（JCCB）に加盟する地域単位のCVBは70団体ある（P46～P47【図表-6】参照）。この他多数の同種の組織が全国に存在する。

名称は、日本では「コンベンション」「観光」のどちらかまたは両方が使われているケースが多いが、アメリカでは「CVB」がもっとも多く使われている。アメリカ以外では「London Convention Bureau」のように、「コンベンションビューロー」を一部や全体に使う組織が比較的多い。

CVBの財源は、会員の会費、自治体の補助金、事業収入などである。アメリカでは宿泊税（ホテル税）をCVBの運営費やコンベンションセンターの建設費の財源にすることがよく見られる（P76参照）。近年、ニューヨークのホテルに泊まる場合には通常の州税・市税・ホテル税の他に「NYC JAVITS FEE TAX」という税金を徴収される。これはマンハッタンにあるJavits Convention Centerの会議・宴会施設を5倍にする拡張費用のための税金だ。

アメリカで最初のコンベンション誘致組織は1896年に創設された「デトロイト・コンベンション＆ビジターズビューロー」で、1915年にはCVBなどの誘致組織による全米の団体が結成された。その後、国際会員の増加に伴い「IACVB（International Association of Convention&Visitor Bureaus）」と名前を変えた。現在はDM（Destination Marketing：デスティネーション・マーケティング）の重要性とメンバーの広がりを考慮し、団体名を「Destinations International」に変更し、約6,000人の

DMのプロフェッショナルを含む約600の団体が加盟する組織になっている。

　歴史的にはCVBとDMO（Destination Marketing Organization）は、ほぼ同義語であるが、政策上使われる場合は国や地域によって多少意味が違う。DMOはCVBよりも後から広まった用語なので、より戦略的・科学的かつ実践的な文脈を感じる。ICCA（国際会議協会）ではDMの会員分類の中にコンベンションビューロー、国・地域の観光局、自治体や商工会議所の担当部局などが入っている。

　一方、アメリカで古くからあったDMC（Destination Management Company）の業務は、日本では旅行代理店やイベント制作会社、PCOなどが行っている。観光庁は日本型DMO（登録DMO）の形成・確立を【図表-5】のように説明している。

【図表-5】 観光地域づくり法人（DMO）の形成・確立

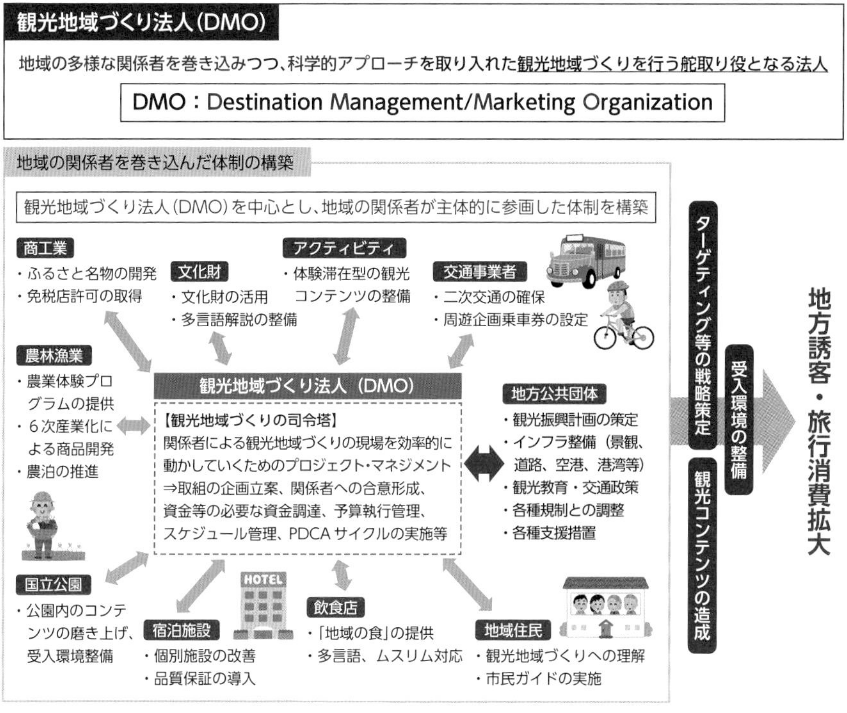

観光地域づくり法人（DMO）

地域の多様な関係者を巻き込みつつ、科学的アプローチを取り入れた観光地域づくりを行う舵取り役となる法人

DMO：Destination Management/Marketing Organization

出典：https://www.mlit.go.jp/kankocho/page04_000048.html

45

【図表-6】 JCCB 会員のコンベンションビューロー（70 団体）

＊(一社)は一般社団法人、(一財)は一般財団法人、(公社)は公益社団法人、(公財)は公益財団法人、(株)は株式会社

北海道	(一社) 旭川観光コンベンション協会
	(一社) 北見市観光協会
	(一社) 釧路観光コンベンション協会
	(公財) 札幌国際プラザ
青森県	(公社) 青森県観光連盟
	(公財) 盛岡観光コンベンション協会
宮城県	(公財) 仙台観光国際協会
秋田県	(公財) 秋田観光コンベンション協会
山形県	庄内観光コンベンション協会
	(一財) 山形コンベンションビューロー
福島県	(公財) 郡山コンベンションビューロー
	(一社) 福島市観光コンベンション協会
茨城県	(一社) つくば観光コンベンション協会
	(一社) 水戸観光協会
栃木県	宇都宮観光コンベンション協会
群馬県	(公財) 前橋観光コンベンション協会
埼玉県	(公社) さいたま観光国際協会
千葉県	(公財) ちば国際コンベンションビューロー
東京都	(公財) 東京観光財団
	(公社) 八王子観光コンベンション協会
神奈川県	(公財) 横浜観光コンベンション・ビューロー
新潟県	(公社) 上越観光コンベンション協会
	(一社) 長岡観光コンベンション協会
	(公財) 新潟観光コンベンション協会
富山県	(公財) 富山コンベンションビューロー
石川県	(公財) 金沢コンベンションビューロー
福井県	(公社) 福井県観光連盟
山梨県	(公社) やまなし観光推進機構
長野県	軽井沢リゾート会議都市推進協議会
	(公財) ながの観光コンベンションビューロー
	(一社) 松本観光コンベンション協会
岐阜県	(公財) 岐阜観光コンベンション協会
	(一社) 飛騨・高山観光コンベンション協会
静岡県	静岡県東部地域コンベンションビューロー

静岡県	（公財）するが企画観光局
	（公財）浜松・浜名湖ツーリズムビューロー
愛知県	（公財）名古屋観光コンベンションビューロー
滋賀県	（公社）びわこビジターズビューロー
京都府	（公財）京都文化交流コンベンションビューロー
大阪府	泉佐野コンベンションビューロー
	（公財）大阪観光局
兵庫県	（一財）神戸観光局
	（公社）姫路観光コンベンションビューロー
奈良県	（一財）奈良県ビジターズビューロー
和歌山県	（公社）和歌山県観光連盟
鳥取県	（公財）とっとりコンベンションビューロー
島根県	松江コンベンションビューロー（一財）くにびきメッセ
岡山県	（公社）おかやま観光コンベンション協会
	（公社）倉敷観光コンベンションビューロー
広島県	（公財）広島観光コンベンションビューロー
	（公社）福山観光コンベンション協会
山口県	（一社）宇部観光コンベンション協会
	（一社）下関観光コンベンション協会
	（一財）山口観光コンベンション協会
	山口県MICE誘致推進協議会
徳島県	（一財）徳島県観光協会
	鳴門市観光コンベンション（株）
香川県	（公財）高松観光コンベンション・ビューロー
愛媛県	（公財）松山観光コンベンション協会
高知県	（公財）高知県観光コンベンション協会
福岡県	（公財）北九州観光コンベンション協会
	（公財）久留米観光コンベンション国際交流協会
	（公財）福岡観光コンベンションビューロー
長崎県	（公財）佐世保観光コンベンション協会
	（一社）長崎国際観光コンベンション協会
熊本県	（一財）熊本国際観光コンベンション協会
大分県	（公社）ツーリズムおおいた
宮崎県	（公財）宮崎県観光協会
鹿児島県	（公財）鹿児島観光コンベンション協会
沖縄県	（一財）沖縄観光コンベンションビューロー

（2021年4月現在）

地方都市のコンベンションビューローの取り組み

松江コンベンションビューロー／一般財団法人くにびきメッセ
コンベンション専門官

原 利一

コンベンションビューローとMICE

2020年現在、日本全国に70以上のコンベンションビューロー（以下CB）と名乗る、あるいはMICE業務を行う組織（便宜上この組織も以下CBと呼ぶことにする）が存在する。70以上というのは、日本コングレス・コンベンション・ビューロー（JCCB）[1]にビューローとして加盟登録している数が70であり、ここに加盟登録していないCBも存在するからであり、実数は把握していないが概ね100に近い数字ではないだろうか。

これらCBの多くの組織形態が社団・財団法人である。それはほぼすべてのCBが地方自治体によって組織化されたものだからであり、ほぼすべての組織の定款には地域経済の活性化がうたわれている。MICEを誘致することによって、多くの来訪者を呼び込み、消費活動を活性化することにより地域の経済興隆が求められているのである。

MICEとひと括りによく言われるが、「M（企業会議）」「I（報奨旅行）」「C（会議・大会）」「E（展示会・イベント）」はそれぞれ似て非なるものであると私は考えている（後述）ので、ここでは「C」を誘致するためのCBの役割について述べていく。

地域情報とサービス

コンベンションビューローは、コンベンション（大会・会議）誘致・開催に必要

---

1. JCCBは、前身である（財）日本コンベンション振興協会（JCPA）が1995年5月に解散したため、同年6月、日本のコンベンションをより一層振興させることを目的に、国際観光振興会、国際会議観光都市、コンベンションビューロー等により任意団体として設立された。2009年6月25日に一般社団法人となり、会員相互の連携、国内・国際コンベンションの誘致促進、コンベンション振興のための各種事業をしている。

な地域情報とサービスを「総合商品」として売り込むことが重要であり、次の6つに集約できる。

① アクセス（国内外から来訪してもらうための交通手段や経路など）

② コンベンション施設（専用施設、ホテル、公共施設など）

③ 宿泊施設（ホテル、旅館、民泊など）

④ 観光（旧所・名跡、近年は体験可能な観光や産業視察なども含まれる）

⑤ 食（他では味わえない飲食・名店など）

⑥ 開催支援サービス（金銭的助成、歓迎看板・郷土芸能提供、行政との連絡調整など）

　このうち①～③は、種類はさまざまであるがコンベンション開催に必要不可欠なものと言っても過言ではない。④の観光は、当初は①～③に付随して求められる「地域の魅力」的なものとされていたが、最近では体験型観光と称し、見るだけではなく実際に体験できる事柄を含む観光に進化し、コンベンション開催地としての重要要件となりつつある分野である。また⑤についても、観光と同様に近年注目されている分野であり、その土地でしか味わえない特別感が開催地選定の大きな魅力になってきている。

　そして⑥は、CBとその後ろ盾である行政が創造できるコンベンション主催者向けのさまざまな支援メニューである。定番化してきているものとしては、開催支援補助金制度、開催支援貸付金制度、現地視察経費負担制度などの金銭助成、歓迎看板、郷土芸能、観光・グルメマップ、コングレスバッグなどの各種提供制度、ポストカンファレンス、同伴者プログラムなどの各種ツアーの提案やユニークベニューの紹介・提案、ビッドペーパー（開催地選定のための提案書）の作成や補助などのソフト支援など多岐にわたる。

　これらを「総合商品」としてコンベンション主催者に売り込むことがコンベンションビューローの主要任務であり、コンベンションを開催してもらい、関係者に満足してもらうことが使命である。

　ただし忘れてはならないことは、もっとも重要な繋がりはコンベンション主催者と地元のステークホルダーであり、この関係において経済活動が行われるのである。【図表-7】でも関係性を示しているが、CBは地域情報を主催者に伝え、主催者

のニーズをくみ取り地域のステークホルダーに伝え、地域サービスとしての最高の
パフォーマンスを提供できるように努めなければならない。そのためには、常日頃
から地元のステークホルダーのサービスを確認し、また必要とされるであろうサー
ビスを予見して準備を促すこともCBの役割である。

　とはいえ、CBは主役ではなく、主催者とステークホルダーの伝達・調整役を担
う黒子であることを、くれぐれも認識しておくべきである。

【図表 -7】　コンベンションビューローと主催者・ステークホルダーの関連図

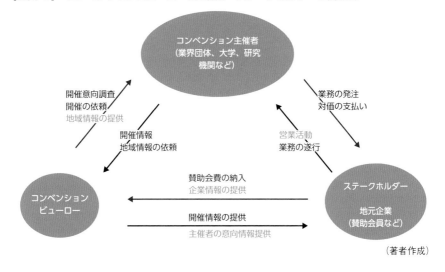

（著者作成）

売り込み戦略

　次に具体的な売り込み、誘致活動について紹介する。CBがMICEを誘致する場
合、まず売り込み先を見つけること、そしてその売り込み先から目的とするター
ゲットを絞ることが重要である。そのターゲッティングの一例として、私が所属し
ている一般財団法人くにびきメッセ（以下：松江CB）の方法を紹介する。

　松江CBは、島根県・松江市・松江商工会議所の３者によって1991年に設立され、
県や市の産業振興や地域の活性化、知名度向上などを目的とし、コンベンションの
誘致に取り組んできた。

すでに述べたように、2000年代以降MICE時代が到来したが、我われは一貫して「C」にこだわっている。そしてここ10年は「C」の中でも国際会議の誘致に力を入れている。なぜなら「M」や「I」は企業が主催者であるため実態把握が難しく、「E」はバイヤーが不在となる地方都市では開催が難しい。それに対し、「C」は件数、名称、主催者などが把握しやすい。「C」について国内と国際コンベンションを私なりに比較したのが次の【図表-8】である。

【図表 -8】 国内・国際コンベンション比較表

	国内会議・大会	国際会議・大会
地元受け入れの関係団体・人	ほぼ必須 (関係者が少ないと不利)	いなくても開催可能 (医学系の場合はほぼ必須)
滞在日数&経済波及効果	比較的短期間(1泊2日等) 参加者数が多ければ効果大	比較的長期(約1週間等) 参加者が少なくても効果大
誘致活動の必要性	順送りの原則がある (行政庁の判断で決まる)	誘致しなければ来ない (誘致の意義が高い)

(著者作成)

松江CBも設立当初は国内コンベンションの誘致に力を入れていた。しかし、国内コンベンションは地元に当該学・協会の支部がないとまず開催は不可能であり、仮に支部があったとしても、ある程度の支部の規模や会員数が必要であることが徐々にわかってきた。言い換えると、ある程度の規模がある地方都市(地方の拠点都市、人口約30万人以上)であれば、概ね各支部や有力会員が存在する可能性が高いので、地元関係者を積極的に訪問して開催のお願いをする方法が有効である。だがそれ以下の地方都市だと、地元キーパーソンに協力してもらい年に数回のコンベンションは開催してもらえるかもしれないが、有力な主催者となれる人材がどうしても少ないので、経済活性化のポイントである開催件数や来訪者・滞在者を増加させることが難しいのが現状である。

一方、国際会議は医学系を除き地元に支部や会員など受け入れ団体・キーパーソ

ンがいなくても誘致できるものが結構存在することが誘致活動を通じて把握できた（医学系に関しては国内・国際を問わず地元にキーパーソンは必須）。

これにより、松江CBではより積極的に国際会議を誘致するようになったのである。

国際会議というと大規模で華やかなものを想起するが、実際に日本で開かれる国際会議の8割は400人以下の規模である。

松江CBでは市内の施設・人的リソースによる制約を考慮し、500人以下の催事をターゲットにしている。500人以下では目的である滞在人口の増加に対する効果が低いと思われるかもしれないが、国際会議の場合は国内会議とは異なり、会期が長いのである。概ね国内は1泊2日、長くても2泊3日であるのに対して、国際会議は少なくても4泊5日、長ければ1週間も滞在することがある。仮に300人の国際会議であっても、4泊してもらえば1,200人の国内会議に匹敵する宿泊数となり、滞在期間が長ければ飲食における消費額もおのずと4倍になるのである。

他の競合都市が誘致しようとしていた1,000人以上のコンベンションに無理に挑戦せず、身の丈に合った島根県内や松江市で取り扱えるコンベンションを誘致対象に絞り込むことで、効率的な誘致活動が行えている（なおこの県外の国際会議主催者への売り込み方法は、地元キーパーソンでコンベンションを多数開催できる有力都市においても開催件数、経済波及効果の増大等に有効な手段であると確信している）。

これにより、松江はICCAによる日本国内の国際会議開催件数のランキングにおいて、2016年16位（5件）、2017年17位（6件）、2018年16位（6件）、2019年13位（7件）であった。ちなみに、2019年の1位は東京で131件、2位は京都67件、3位は神戸35件となっている。

松江は、北九州市、つくば市と同位だったが、北九州は政令指定都市、つくばは日本最大の学術研究都市であることを考えれば、大善戦であると自負している。またこの国際会議のほぼすべてがオフショア会議（島根県外の主催者）であるという点も付け加えておく。

データベースと人的ネットワークの構築

ではターゲットである500人以下のコンベンションをどのように見つけるか。松

江CBでは、組織の設立直後から国内外のコンベンションに関する独自のデータベースを構築している（【図表-9】参照）。とはいえ、当初は図書館の団体名鑑から各種業界団体事務局の所在地を探し出し、実際に訪問して島根県で開催してもらえるコンベンションがあるかどうか調査したり、地元大学の教授を訪問して関連学会の情報を聞き出したりなどして、その結果をデータベース化していた。

　その後、JCCBのData Library（2019年度版の登録5,477件）を購入したり、IME（インターナショナルミーティングエキスポ：現国際MICEエキスポ）に出展し主催者と面談したり、各地のCB情報紙や業界紙、また営業活動で訪問した大学に掲出されている学会ポスターなどを閲覧したりし、どこでどのようなコンベンションが開催されているかが把握できるようになり、コンベンションの探索業務は大きく軽減された。

　さらに、その後の急速なインターネットの普及により、会議名がわかればネット検索によってそのコンベンションの具体的な情報や主催者までもが素早く把握でき

【図表-9】　実際のデータベースの画面

るようになった。しかし主催者や連絡先が簡単に把握できても、具体的な開催情報はやはり直接訪問やメール・電話で収集するしかない。こうやって我われのデータベースは地道な調査の積み重ねにより出来上がっている。

　このデータベースにより、ICCAやJCCBのデータベース情報のみではわからな

い、地元にキーパーソンがいなくても開催可能かどうか、また何年後に日本開催が見込めるか、次期開催のキーパーソンは誰かなどという点も把握でき、松江CBの誘致対象案件としての絞り込みに大いに役立っている。またデータベース化することにより、東京、大阪などの主催者が数多く点在する場所についても、所在地をキーに検索することにより、同一地区の事務局を効率よく訪問できるなどの利点があることも付け加えておく。

　またこのようにして積み上げたデータベースを元に誘致活動を実施するが、その過程において出会った会議主催者や、実際にその誘致活動で松江開催をしていただいた主催者を対象に2007年に「くにびきメッセファンクラブ」を設立した。

　これはせっかくコンベンションを通じて親しくなった主催者の皆さんと、その時だけで関係を終わらせるのではなく、その主催者はもう会議を開催することはなくても、その主催者の研究仲間、知人、先輩や後輩である人たちに、島根・松江でのコンベンションの様子を話してもらい、少しでも島根のことを知ってもらうことにより、いずれコンベンション開催に繋げられればという思いからだった。

　この人的ネットワークは、我われが想像した以上にその効果を発揮している。前述したように、松江で開催する多くの国際会議主催者は県外、その大半が東京や大阪・京都なのである。当初はその主催者を招いて東京のみで年1回会合を開催していたが、今では東京、大阪、福岡の3会場で開催しており、登録メンバーは200人を超えた。そして、このファンクラブメンバーが、松江への誘致可能性がある案件をいち早く紹介してくれるのである。それも誘致ターゲットを理解してもらっているので、おのずと100人から500人程度の国際会議案件である。そしてこのような紹介案件のほぼ9割が、開催に結び付いている。知名度の低い国内地方都市において、このようなネットワークの構築は極めて重要であることが証明されたと思う。

　このファンクラブによってもたらされた「繋がる国際会議」の例を挙げると、

2006年　真空中の絶縁と放電に関する国際シンポジウム（ISDEIV）

2008年　真空・表面科学アジア・オーストラリア会議（VASSCAA）

2011年　Cold Antimatter and High Precision Physics（Pbar11）

2014年　表面科学に関する国際シンポジウム（ISSS-7）

2016年　International Workshop on Slow Positron Beam Techniques and Applications（SLOPOS14）

2017年　アジア-太平洋地域プラズマ分光分析国際会議（APWC）

2019年　非弾性イオン表面衝突に関する国際会議（IISC-23）

などがある。その後も「繋がる国際会議」の開催は継続しており、現在、紹介の最長連鎖は8人を記録している。

まとめにかえて

　国内でコンベンションがいちばん多く開催される場所は東京である。すべてがそろっているので当然である。国民に広く知られている場所はそれだけコンベンションの開催場所としては有利である。京都、大阪、名古屋、横浜、神戸、福岡などの大都市、北海道、沖縄、金沢、広島などの地方でも行ってみたいと思わせる都市も同様である。しかし、CBは日本全国に70以上あるのである。そのCBが役割を果たすためのポイントはどこか。

　当然今まで述べてきた売り込み方法は重要ではあるが、売り込むべき地域の情報とサービスを、再度見直してみることも重要である。

「地域情報とサービス」で記述した、①〜③はCBではいかんともし難い部分が多いが、④⑤は地域の再検証をすることによってさまざまな発見や気付きがあるはずだ。実は松江において現在国際会議のツアーでもっとも訪れる頻度の高い「たたら（和鋼生産技術）」の関連施設は、当初我々は気付きもしなかった場所であった。各地域でも体験観光施設などは探せばまだまだあるのではないかと思う。そして⑥の開催支援サービスは、まさにCBの知恵が生み出せる主催者にとってのインセンティブなのである。松江CBの国際会議における開催助成金は全国トップクラスであるが、当初はわずか100万円の貸付金を島根県に提案したことから生まれた制度である。主催者の立場に立って、この地域でコンベンションを開催した場合にどんなサービスがあればうれしいかを考察してみることがもっとも重要ではないか。

　CBとして事業展開する上でCBの存在意義を考え、CBにしかできないことに挑戦することこそがCBの役割である。

第4章

都市における
MICE誘致・開催の効果と
戦略策定の在り方

都市におけるMICEの複合的効果は①経済波及効果②新規契約誘発効果③イノベーション創出効果④学術振興・研究促進効果⑤都市課題解決と市民便益創出である。いずれも開催件数や参加人数と関係性はあるが、都市のMICE戦略においてそれらを目的とすることは適切ではない。MICEの誘致で何をめざすのかという「ミッション・ビジョン」（めざすべき姿）、ミッション・ビジョンを達成するために必要な中長期的かつ目標値（Goals&Objectives）を明確にしなければならない。その上で戦略策定には、ターゲット設定や主催者・自都市・競合他都市の分析が必要だ。

　MICE都市として成功した「世界最大のハノーバーメッセ」「北米最大の展示場　マコーミック・プレイス」「『MICE先進国』シンガポール」を紹介する。

都市におけるMICE誘致・開催の効果と戦略策定の在り方

株式会社野村総合研究所社会システムコンサルティング部
産業インフラグループ グループマネージャー
立教大学観光学部「コンベンション産業論」兼任講師

岡村 篤

はじめに

　1959年の東京国際見本市会場開業や1966年の国立京都国際会館開業、2000年代から始まった国際会議観光都市認定制度など、古くからコンベンション振興あるいはMICE振興が推進されてきた。そして、観光庁が2010年を日本の「MICE元年」とし、その流れを加速させたことにより、日本のMICE産業及びマーケットは大きく変化した。東京や大阪、京都、名古屋、福岡、札幌といった大都市だけでなく、地方都市やリゾートなどにおいてもMICEを地域経済・産業の成長エンジンとして捉える潮流が加速している。

　海外においても、著しい成長を遂げた東アジアや東南アジアなどでは、国を挙げた積極的なMICE振興策がとられており、大型施設の整備や誘致振興策の拡充など、国際的な競争環境は日を追って激しさを増している。日本は大きな国内MICEマーケットを有するものの、急速に拡大するアジアMICEマーケットを取り込むことは必須の命題といえる。

　このような環境下において、多くの国内都市がMICE振興を掲げているが、現状を見るに、その目的や意義は明確かつ適切に設定されているとは言い難い。また、MICE誘致戦略を策定している都市は一部に限られ、その内容についても玉石混交というのが現状であろう。

　本稿では、MICEが都市にもたらす効果及び都市のMICE戦略策定の在り方についての考察を行う。2010年以降に大きな変化を遂げた国内都市のMICE振興に対する考え方をさらにもう一歩深めるとともに、効果的なMICE戦略策定を通じた産業・業界の発展の一助となれば幸いである。

MICEが都市にもたらす効果とは？

なぜ都市はMICEの誘致・開催をめざすのか。MICE元年とされた2010年以降、観光庁を中心とした政府がMICE振興を推進する中、多くの国内都市においてもMICEの専属部署が作られ、その振興が進められてきた。しかし、MICEが都市にもたらす効果、つまりMICE振興の目的・意義が不明確なまま、開催件数や参加者数を増やすことに邁進しているケースも散見される。

本章では、MICEが都市にもたらす代表的な効果を5つに分類し、それぞれについてその概要を説明する。

経済波及効果

東京ビッグサイトは2007年「東京ビッグサイトにおける展示会等の経済効果」を発表し、2006年に開催された展示会等の経済波及効果（生産誘発額、以下同）を約

【図表-10】 MICE開催の経済波及効果

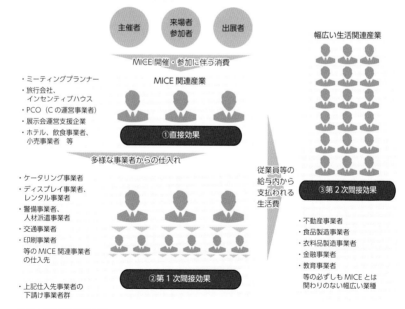

出典：野村総合研究所

7,500億円と推計している。また、パシフィコ横浜は2017年度開催の催事による経済波及効果を約2,310億円と推計している。観光庁においても、その推計範囲は国際的な催事に限定されるものの2017年度以降、国際MICEの経済波及効果を毎年発表しており、2016年の国際MICE開催による経済波及効果を約1兆590億円と推計している。

　経済波及効果という言葉は幅広い場面で使われる言葉ではあるものの、その具体的な内容はあまり知られていないのではないだろうか。経済波及効果は、①直接効果②第1次間接効果③第2次間接効果の合計額である。①直接効果はMICEの主催者や来場者が直接支払った金額で、PCOやホテルなどの主体がその受け手となる。②第1次間接効果はPCOやホテルなどの直接効果の受け手が、その仕入先等に支払った金額、さらにはその仕入先が仕入先に支払った金額、という幾層にもなる仕入れ構造全体に波及した金額の合計となる。言い換えれば、①直接効果はいわゆるMICE関連産業、②第1次間接効果はMICE下請け構造の構成企業群に生じる効果であり、広い意味でのMICE産業の活性化に寄与する効果といえる。一方、③第2次間接効果は①直接効果及び②第1次間接効果が生じた広い意味でのMICE産業で従事する人々が、その給与等の中から支払う生活費であり、不動産事業者や食品製造事業者などの幅広い生活関連産業が受け手となる（P60【図表-10】参照）。

　つまり、MICE開催の経済波及効果はMICEに関わる事業者だけではなく、開催地域内を中心とした幅広い産業に生じるものであり、地域経済全体の活性化に寄与している。また、その起点となる①直接効果の多くが、地域外の主体から支払われるものであり、地域にとっての"外貨獲得"手段としても大きな役割を担っている。

新規契約誘発効果

　前述した経済波及効果は、MICE開催にあたり域内外から主催者や参加者、出展者等が集まり地域で消費活動を行うことを起点とした効果であり、消費単価の高低はあれど、テーマパーク等の集客施設が有する効果と同様の概念である。しかし、Face to FaceのビジネスイベントであるMICEの本質的な価値は、これとは別にある。その一つが新規契約誘発効果である。

　新規契約誘発効果は、主に展示会や学協会併催型の展示会において生じる効果で

あり、2007年「東京ビッグサイトにおける展示会等の経済効果」において提唱され、初めてその金額が推計された。数多くの出展者とバイヤー等来場者が一堂に会する展示会は、個々の企業の営業活動では実現が困難な、多数の商談機会を短期間で提供する機能を有している。この商談機会を通じて、既存顧客への新商品等販売や、新たな販路の拡大が達成され、効率的に売上を伸ばすことが可能となる。この展示会参加によって出展者に生じた売上増の合計額が新規契約誘発効果である。2007年「東京ビッグサイトにおける展示会等の経済効果」では、1年間を通じた展示会開催による新規契約誘発効果は約2.7兆円と推計されている。

　新規契約誘発効果を都市視点で見た場合、都市内に立地する企業群の売上増を通じた産業振興や産業競争力強化として捉えられる。特に、個別営業にかけられる費用が相対的に少ない中小企業にとって、域内外の潜在顧客との接点となる展示会が身近で開催されることは、大きなメリットといえる。また、大企業にとっても新規参入分野における海外等での販路拡大が可能となる点や、展示会や国際学協会に参加する海外自治体関係者等との接点を短期間で得られる点は、極めて有益であると考えられる。このような観点から、MICEは集客促進による域内消費を増加させる機能だけではなく、"産業インフラ"としての機能を有しているといえる。

　この新規契約誘発効果を最大化するためには、都市内に立地する企業群の特性に合致した催事の誘致・開催と、都市内立地企業の参加促進、催事規模の拡大と催事参加者の質の向上等によるネットワーク効果の最大化等を図ることが求められる。

イノベーション創出効果

　MICEの"産業インフラ"としての役割は新規契約誘発効果の創出だけにとどまらない。国内外から最先端の研究に関わる研究者が集まる学協会や、特定業界の企業関係者が集まるMICEの開催は、"智の交流"を通じた関係者間のネットワーク構築・強化、さらには共同研究等を促す機会となる。

　第2次世界大戦後、高度経済成長を遂げて先進国入りして久しい日本は、「より多く・より安く」といった発展途上国型の成長ではなく、イノベーション創出を通じた高付加価値化による成長を実現する必要がある。そしてイノベーションの創出は、一企業内や一部門内で閉じて取り組むモデルから、社内外の多様な主体との協

業・連携によるオープンイノベーションモデルへとその主流が移り変わりつつある。国内外から研究者や企業関係者を集め、自都市の研究者や企業との交流機会を設けることが可能なMICEは、イノベーション創出を促す"産業インフラ"として大きな期待が寄せられる。

このような自都市におけるイノベーション創出を目的として、"智の交流"をもたらすMICEを世界中の国・都市が振興しており、自国・自都市が強みを有する分野や、戦略的に成長を促す分野の国際学協会誘致等に資源を投入している。つまり、都市間のMICE誘致競争は都市間の競争力強化の一環とも捉えられる。

学術振興・研究促進効果

国内学協会、国際学協会が身近で開催されることにより、都市及び都市近郊に立地する大学や研究機関に所属する研究者は交通費や滞在費などをかけることなく、国内外の研究者とのネットワーク構築機会を得ることが可能となる。特に世界各地をローテーションする国際学協会の自都市開催は研究者にとって大きなメリットとなる。

2020年に発生した新型コロナウイルス感染拡大により、多くの学協会は中止あるいはオンライン化を余儀なくされた。新型コロナがMICE業界に与えたダメージは甚大であった。その一方でオンラインによる開催形式が一般化したことで、これまで遠方で開催される国際学協会等への参加が難しかった研究者が、自宅等から参加し、研究発表・聴講することが可能になった。おそらく、新型コロナウイルス感染収束後も、開催地へ赴く参加形式（オフライン型）に加え、オンラインでの参加も可能なハイブリッド型の開催形式が広まると推測される。

では、ハイブリッド型の開催形式の普及により、前述した自都市開催のメリットは消失してしまうのか。Face to Faceの真価が問われることになるが、自都市開催のメリットは消失しないと考えられる。研究者同士のコミュニケーションは研究発表等の公式プログラムを通じて行われるものもあるが、むしろレセプションや体験プログラム等の非公式な場でより深いコミュニケーションが行われる。オンライン化やハイブリッド型の普及が進んでも、Face to Faceならではのネットワーキング構築効果が自都市開催のメリットを保ち続けることになる。ただし、今後AIマッ

チングやオンライン上でのコミュニケーション機能のUI向上などにより、Face to Faceならではのネットワーキング効果に見劣りしないオンライン開催の仕組みが構築される可能性もある点には注意が必要であろう。

このような、Face to Faceならではのネットワーキング構築効果への再認識を踏まえ、自都市開催のメリットを最大化するために都市は何をすべきか。第一には非公式なコミュニケーションの"場"の整備である。具体的にはMICE施設周辺における数百人程度が収容可能な飲食店やホールの整備、ユニークベニュー開発などが想定される。また、ハード整備だけでなく、国内外からの参加者と域内研究者の交流を促す併催イベントの開催といった取り組みも重要となるだろう。

都市課題解決と市民便益創出

日本各地でMICE振興を担う行政関係者と話をする中で、市民とMICEの間には大きな溝が存在し、MICEは市民にとって縁遠い存在になっているという意見を聞くことがある。前述した経済波及効果が、MICE産業だけではなく生活関連産業などの幅広い産業に波及し、地域経済活性化に結び付いているとはいえ、市民にとってMICE誘致・開催のメリットを実感する機会が少ないことが原因であろう。

しかし、近年ではレガシー創出を望む学協会主催者による市民イベントの併催や、CSR活動としての企業ミーティング参加者の地域におけるボランティア活動等、MICE開催に伴う市民との交流機会が増加傾向にある。MICEの誘致・開催が、都市の課題解決に結び付く流れを加速させることが望まれる。

また、パシフィコ横浜は2018年度に実施した調査において、同施設の効果の一つとして「市民便益創出」という概念を掲げ、その金額推計を実施している。ここでいう市民便益とは、市民がパシフィコ横浜で開催される催事に参加することに対して感じている価値と参加に必要な費用との差分を指し、市民等を対象としたアンケート調査で把握している。2018年度調査（2017年度開催催事）で推計された市民便益創出額は約42億円で、パシフィコ横浜は開業以降毎年、相当額の便益を市民に提供していることが実証された。

このように、MICE施設が市民の生活の質向上や、市民の便益を創出する点も、都市におけるMICEの効果の一つとして位置付けることができるだろう。

都市のMICE戦略とは？

　前項ではMICEが都市にもたらす代表的な効果を5つ紹介した。いずれの効果も開催件数や参加人数と関係性はあるものの、都市のMICE戦略において件数や人数そのものが目的化されることは適切ではない。件数や人数はあくまで効果を最大化させるための一指標にすぎない。

　本節では、MICEが都市にもたらす効果を踏まえつつ、都市としてどのようにしてMICE戦略を策定するのか。都市全体の成長戦略におけるMICEの位置付けを明らかにするとともに、その策定手法や含めるべき範囲について整理を行う。

MICE誘致・開催のミッション・ビジョンと目標設定

　都市におけるMICE戦略構築手法について検討するにあたり、まず「戦略」とは何かを整理する必要がある。戦略を構築する前段階として必要になるのがミッション・ビジョン、及びその実現に必要な中長期的な目標（Goals & Objectives）の設定である。「戦略」はこのミッション・ビジョン及びGoals & Objectivesを達成するために実行されるアクションの方向性を示すものである（【図表-11】参照）。

　ミッション・ビジョンとは、都市としてMICEの誘致・開催で"何"をめざすのか、という視点である。例えばMICE誘致・開催を通じて、商店街など域内事業者の活性化をめざすのか、あるいは都市の重点分野産業の競争力強化をめざすのか、といった目的の設定であり、将来像やめざすべき姿と言い換えることもできる。このミッション・ビジョンなくして、その達成のための戦略を構築することはできない。

　そして、ミッション・ビジョン（将来像やめざすべき姿）を達成するために必要となる中長期的かつ目標値がGoals & Objectivesである。例えば、MICE誘致・開催の目的を「商店街等の域内事業者の活性化」と定めるのであれば、前述したMICEがもたらす効果の一つである経済波及効果の額をGoals & Objectivesとして設定するのが適当といえる。また、MICE誘致・開催の目的を「都市の重点分野産業の競争力強化」と定めるのであれば、同じくMICEがもたらす効果の一つである「新規契約誘発効果」や「イノベーション創出効果」をGoals & Objectivesとして

設定するのが適当といえる。

　残念なことに、ただでさえ数少ないMICE戦略を策定している都市においても、ミッション・ビジョンが明確になっているケースは少ない。そして、ミッション・ビジョンが不明確なままに、中長期的な目標としてMICEの開催件数や人数、ICCA等の国際都市ランキングといった指標が設定されているケースが散見される。特にICCA等の国際都市ランキングは、わかりやすい指標ではあるものの目的あるいは目標としては不適切であり、参考的な指標として扱うことが適切である。MICEは目的ではなく、目的達成のための手段であることを理解する必要がある。

　もし都市としてMICE振興を掲げるのであれば、都市の運営者である首長あるいは自治体関係者は、MICEが都市にもたらす効果を理解し、各都市の総合計画や都市ビジョンなどの上位計画等を踏まえたMICE誘致・開催のミッション・ビジョンを明確にする必要がある。

【図表 -11】　都市における MICE 戦略と構築法

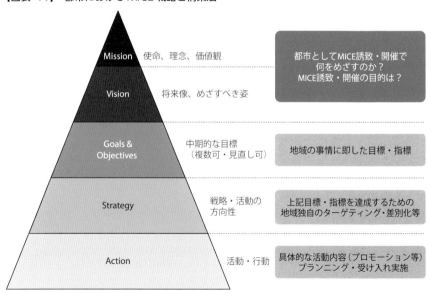

出典：野村総合研究所

ターゲット設定と3C分析

「戦略」に含まれる主な概念としては、誘致・開催ターゲットやハード整備の在り方、プロモーションや助成制度等の誘致施策の方向性、受け入れ環境整備の方向性、といった具体的なアクションの方向性と、それらアクションを実行する組織の運営方針等が挙げられる。

戦略を構築する際、まず着手すべきはターゲット設定である。前述したミッション・ビジョンとGoals & Objectivesが定まればおのずとターゲットも明確となる。例えば、経済波及効果を目標値とするのであれば、他にさまざまな要素はあるものの、1人当たり消費額の高い催事や、参加人数の多い催事、あるいはその掛け算に合致する催事が誘致ターゲットとなる。また、都市の重点分野産業の競争力強化を目的とするのであれば、重点分野産業に合致した分野の学協会や展示会などが誘致・開催ターゲットとなる。

本項ではターゲット催事の主催者に対して、どのような考え方でアプローチをすべきかについて、マーケティングの基礎的なフレームワークである3C分析を用いて解説する。3CとはCustomer（顧客）、Company（自社）、Competitor（競合他社）、の頭文字Cをとって名付けられたマーケティング手法である。ここではCustomer：主催者、Company：自都市、Competitor：競合他都市、と置き換えて整理を行う（【図表-12】参照）。

戦略策定にあたり、最初に自都市の強みや弱み、機会、脅威を整理するSWOT分析を実施しているケースが散見される。自都市の強みや弱みを理解することは重要だが、ターゲットのニーズを把握せずに行うSWOT分析は自都市が有する資源の羅列にすぎない。ターゲットに設定した催事主催者のニーズを把握することが先決である。主催者が開催地に求めるニーズに対して、自都市として何を提供できるのか。MICEにおいても"顧客視点"がなければ、その戦略は有効に作用しない。主催者が開催地に求める施設スペック等の要件だけでなく、主催者がMICE開催によって何を実現しようとしているのか、そして自都市としてそれにどのようにして応えることができるのか。有効なMICE戦略には、主催者ニーズの深掘りとそのソリューション提供が求められる。

主催者ニーズに対して自都市としてどのような価値を提供すべきか。誘致活動における自都市の強み、すなわち“売り”を決める際に必要となるのが、競合他都市との差別化である。例えば、主催者が世界各国からのアクセス性にニーズを有している場合、自都市に国際空港が立地しているだけでは、それは必ずしも強みにはならない。想定される競合他都市に、より利便性の高い国際空港が立地していれば、自都市にとってアクセス性は弱みとなる。この場合、都市としてとるべき戦略はアクセス性を補完する施策やメニューの提示となる。強みや弱みは絶対的なものではなく、競合他都市との相対的な関係性で決まる。競合他都市と自都市との比較の中から、自都市の強みを活かし、弱みを克服することで競合他都市では提供できない価値を主催者に提示することが差別化の基本的な考え方となる。例えば、国際アクセス性で競合他都市に劣るケースでは、主催者ニーズの一つである参加者間の効率的なネットワーキングに対して、自都市内ユニークベニューを活用した独自の交流プログラムの有効性を提案することで対抗する等、競合他都市にないソリューション

【図表 -12】　都市における MICE 戦略と 3C 分析

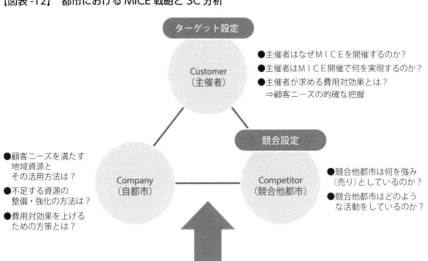

ターゲット設定

Customer
（主催者）

●主催者はなぜMICEを開催するのか？
●主催者はMICE開催で何を実現するのか？
●主催者が求める費用対効果とは？
　⇒顧客ニーズの的確な把握

競合設定

Company
（自都市）

Competitor
（競合他都市）

●顧客ニーズを満たす
　地域資源と
　その活用方法は？
●不足する資源の
　整備・強化の方法は？
●費用対効果を上げる
　ための方策とは？

●競合他都市は何を強み
　（売り）としているのか？
●競合他都市はどのよう
　な活動をしているのか？

●顧客ニーズに対して、他地域に比べた自地域の強みは何か？⇒SWOT
●強みを活かし・弱みを克服する差別化戦略とは？

出典：野村総合研究所

の開発・提供が差別化のポイントとなる。

このように、戦略を策定する際には、自都市の資源に着目するだけではなく、ターゲット設定及び顧客ニーズの的確な把握、競合となる都市の把握とその資源や戦略の分析、そしてそれらを踏まえた差別化を意識する必要がある。

MICEが都市にもたらす効果の最大化

横浜市は国内最大級の複合MICE施設であるパシフィコ横浜を有し、大規模な国際学協会の誘致で大きな成果を挙げ、主催者や参加者等によって多くの消費効果が創出されている。しかし、仮に横浜市のMICE誘致・開催の目標値（Goals & Objectives）が経済波及効果の額だとした場合、大規模国際学協会の誘致に成功するだけでは、その目標が達成されたとはいえない。横浜市は近隣に世界最大級の都市集積を有する東京を抱えており、主催者が消費する事業費の多くが、東京に拠点を構えるPCO等の事業者に支払われ、直接効果の市外流出比率が大きくなっている。また、参加者が市内ホテル等に宿泊し、直接効果を市内にとどめた場合においても、その下請け構造に東京をはじめとする多くの市外事業者が入り込んでいることにより、第1次間接効果についても市外流出比率が大きくなっている。

もし、MICE誘致・開催の目標値を経済波及効果の額とするのであれば、誘致成功に向けた開催都市としての競争力強化だけではなく、PCOなどのMICE関連産業の市内立地促進や、MICE関連産業とその仕入先となる市内事業者のマッチング促進などを図る必要がある。つまり、都市のMICE戦略とは、誘致競争力を高めてターゲット催事の開催件数や参加者数を伸ばすだけではなく、そこから得られる効果を最大化するための施策まで含めて、初めて完成する。

ここでは、経済波及効果額を目標値とした例を紹介したが、新規契約誘発効果を目標値とした場合も同様である。大規模展示会の都市内開催が実現されただけでは、目標達成とはいえない。大規模展示会に都市内事業者が参加し、そこで多数の商談が行われ、高い成約率が達成されて初めて目標とする新規契約誘発効果が創出される。この一連の流れを包含したものが都市のMICE戦略である。したがって戦略策定に際しては、その達成度合いを把握し改善策を模索するKPI（Key Performance Indicator：重要業績評価指標）の設定を検討すべきであろう。このケースにおい

ては「大規模展示会の開催件数・参加者数」「自都市内事業者参加数」「商談件数」「達成率」をKPIとして設定し、どの部分に課題を抱えているのかを常にモニタリングすることで、目標値である新規契約誘発効果を最大化することが可能となる。

MICE業界のさらなる発展に向けて

　私はコンサルタントという立場で、国・自治体あるいは企業のMICE戦略策定を数多くご支援してきた。本稿で整理したMICEが都市にもたらす効果及び都市のMICE戦略策定の在り方は、あくまでその基本的な情報や考え方であり、これらを押さえているだけで良い戦略が作れるわけではない。良いMICE戦略には何が必要か。私の経験上、それは組織トップや担当者の"想い"や"熱意"だと感じている。MICEで何を実現したいのか、都市やエリア、企業をどのように変えていきたいのか。"想い"や"熱意"がなければ、戦略の根本となるビジョンやミッションを描くことはできない。

　本稿が"想い"や"熱意"を持った読者の方々の参考になれば幸いである。そして、MICE業界の、さらにはMICEを通じた日本の発展を願っている。

世界最大のハノーバーメッセ

ハノーバーメッセ広報

序章

ハノーバーメッセ[1]は、産業技術に関する複数の専門展示会が開催される複合展示会である。専門展示会の多くが世界最大規模またはヨーロッパ最大規模のものであるため、ハノーバーメッセは「世界最大の産業専門展示会」と呼ばれている。主催はドイツメッセ、会場はハノーバー国際見本市会場。毎年世界約100カ国から約5,500社の出展者、約20万人以上の来場者、そして約3,000人の報道関係者が訪れる。

歴史

第2次世界大戦後、英米政府は輸出こそが西ドイツの経済復興のカギと考え、イギリス主導で見本市の開催を決めた。当初、デュッセルドルフでの開催が検討されたが最終的に「Deutsche Messe und Ausstellungs」（現ドイツメッセ）社

Deutsche Messe, opening of the export fair

---

1. 独語では「Hannover（ハノーファー）」、英語では「Hanover（ハノーバー）」。本書では「ハノーバー」と表記する。

はハノーバーに設立され、120万ライヒスマルク[2]が投入された。

　1947年8月18日〜9月7日に開かれた第1回見本市は大成功に終わり、21日間に53カ国から約73万6,000人がハノーバーに押し寄せ、3,160万米ドルに上る契約が締結された。

　西ドイツ（当時）が政治的に孤立する一方で、見本市は国際的な注目を浴び、1950年までにアメリカを含む10カ国からの出展があった。西ドイツ政府が各国と外交関係を再構築する前に、見本市会場の代表者は諸外国との関係を確立していった。1948年にはハノーバー展示会場とニューヨークとの間に直通の電話回線を引いていたほどである。1952年にはハノーバー空港がオープンし、世界各地との繋がりを深めた。多忙な参加者は空港から屋外展示場までヘリコプターあるいは小型飛行機で移動することもできた。

　見本市は世界中の注目を集め、1961年以降は世界最大の見本市となり、「ハノーバーメッセ」という名称で呼ばれるようになった。

　ハノーバーメッセの専門見本市の一つ「CeBIT」（事務機器・情報・通信テクノロジー見本市）は急成長し、1970年には専用会場を持つに至った。新しいホール1は7万300㎡の床面積（サッカー場約10個分）を有し、世界最大の展示ホールとしてギネスブックにも登録された。また、ハノーバーメッセはもともと総合見本市

Deutsche Messe, Hall

2. 1924年から1948年6月20日まで使用されたドイツの公式通貨。

だったが、複数の専門見本市の集合体に変化する。木工機械と林業技術メーカーの見本市である「LIGNA」は1975年に、前出の「CeBIT」は1986年にハノーバーメッセから独立した。

評判が高まるにつれ、ハノーバーメッセの焦点は世界的なビジネスを先導し、外国企業のためのプラットフォームをつくることに変わっていった。

1980年代初頭の目覚ましい景気回復はハノーバーメッセをさらに飛躍させ、ギネスブック1984年版には8つの「世界一」が掲載された。すなわち▽来場者数（74万人）▽会場の広さ（96万9,500㎡）▽展示スペース（74万1,000㎡）▽世界一広い展示ホール（ホール1）▽駐車場の広さ▽出展者数▽出展国数▽会場内の鉄道施設の規模だ。これらすべては見本市を分割する必要性を示しており、1986年にCeBITが独立開催の見本市として開催されるようになったのだ。

ハノーバー展示場は歴史の舞台にもなる。1988年6月、西ドイツのコール首相（当時）が欧州理事会を主催した際、EC（欧州共同体）加盟国リーダーらが会談したのはハノーバー展示場だった。この会談によってECの単一市場、後の通貨同盟に至る道筋がつけられた。それ以外にもハノーバーメッセは世界に多くの歴史的影響を与えており、その最たるものが、1989年のベルリンの壁崩壊だろう。ハノーバーメッセほど冷戦期の東西のビジネス交流を効果的に促進した見本市はないだろう。

2000年の「ハノーバー国際博覧会（EXPO2000）」に先立ち、ドイツメッセと行政当局は16億マルクを超える資金をかけて展示会場と輸送インフラの整備をした。その結果、ハノーバーメッセは世界最大かつ最新の展示会場を誇ることになった。

2000年、インターネット・ブームのピーク時、多数のITスタートアップ企業は、ハノーバーメッセから独立したCeBIT（「ハノーバーメッセ CeBIT」として毎年3月に開催）に大挙して押し寄せ、世界市場に参入した。2002年にはCeBITは86万人という史上最大の来場者を記録した。

2010年後半、経験豊富なイベントオーガナイザーが選ぶ「2010年ロケーション

賞」にハノーバー・コンベンション・センターが選出された。特に、フレキシブルな設営が可能な会場、景観、サービスの質、設備と通信基盤を評価されたのだ。

　2013年、ドイツメッセは2003年以降最高の売上と利益を出したと発表した。同社は記録的な数の見本市を外国市場で開催し、史上最高の外国における販売収益を上げ、創業以来最多の予約を受けた。これは、収益性と成長を最大にする同社の企業戦略を反映したものである。

　2015年春にはホール19、20がわずか18カ月の工期で完成した。工事は近代化プロジェクトの一環として計画され、2032年までに10万㎡の改修が計画されている。ホール19、20はモジュール設計が特徴で、多数のイベントを同時開催することが可能となっている。

ハノーバー国際見本市会場の仕様

「ハノーバー展示場のトレンドと実績2019」によると、26のホールは5万8,000㎡の屋外敷地と46万6,100㎡の屋内展示エリアにあり、敷地は4つに分割してそれぞれ違う中規模のイベントを同時に行うことができる。

　コンベンション・センターは最大1,300人を収容できる35の多目的会場、緑の空間やリラクセーションエリアを擁し、生産性を高めるとともに安らぎの場所としても利用される。さらに1万6,000㎡の広さを持つ4つの小さいパビリオンとピロティは小規模のイベントやコンサート会場として利用できるようになっている。

　ナビゲーション・システムも完備され、出展者やイベント参加者をスムーズに会場に導くことができるだけでなく、シャトルバスのサービス網はハノーバー市中の交通要所と会場との間に張り巡らされ、2本の鉄道が見本市会場駅に直接繋がっている。自動車でのアクセスは単純でわかりやすく、動く歩道と屋根のある空中通路が歩行者のために設置されている。

経済効果の概要

　2018年、ハノーバー国際見本市会場のホールは62の見本市の会場となり、110

万人以上の入場者を迎えた。4月のハノーバーメッセの出展者は5,063社、入場者は18万8,914人に上り、入場者の30％は海外からの参加者だった。また、入場料だけで740万ユーロの収益があった。2019年の出展者は6,180社、入場者は21万1,388人。うち3,902の出展者、7万4,391人の入場者が海外からで820万ユーロの利益をもたらした。

　ハノーバーのホテル料金は1泊平均100ユーロ未満、入場者のハノーバーでの平均滞在期間は1.7日（2泊）、出展者は平均6泊となっている。2018年のハノーバーメッセは3,870万ユーロの経済効果をもたらし、地元宿泊業界の活性化に貢献している。2019年は4,370万ユーロだった。

　国レベルで見ると、ドイツの見本市業界の活動は280億ユーロの経済効果、23万1,000人の常勤雇用をもたらした。直接投資は約145億ユーロとなっており、内訳は、出展者の出費96億ユーロ、入場者の出費47億ユーロ、展示会場による投資2億ユーロとなる。見本市産業は2017年に10万7,830人、2018年に11万8,227人の国外出展者をドイツに集めた。

Exhibition Center in Hannover
(Aerial View) 2017

北米最大の展示場　マコーミック・プレイス

マコーミック・プレイス広報

　本稿の掲載にあたり、マコーミック・プレイスを所有するMetropolitan Pier and Exposition Authority（MPEA）CEO、Larita Clark（ラリタ・クラーク）氏から、コロナ禍の危機的状況において代替医療施設として地域社会に貢献できたことについて次のメッセージが寄せられた。

　"We are grateful that McComick Place was able to step-up as an Alternate Care Facility to serve our community at this critical time, and even more grateful that our space was not needed anywhere near the levels that were originally anticipated."

マコーミック・プレイス
南館

マコーミック・プレイスの歴史

　北米最大の展示場、イリノイ州シカゴのマコーミック・プレイスは、ロバート・R・マコーミック大佐（1880-1955）にちなみ名付けられた。彼はシカゴトリビューン新聞の編集者兼発行者で、論議好きなカリスマ的先見の明の持ち主だった。マコーミック大佐は、世界に通用するコンベンションセンターをシカゴに建

設するため先頭に立った。彼のリーダーシップの下、イリノイ州は会議やトレードショーを開催する常設ホールの建設を承認し、産業、科学、教育、文化関連の見本市の資金源として1%の競馬税を課すとともに、シカゴ・パーク・フェアという非営利法人を設立した。1955年には、36万平方フィート（約33.480㎡）の土地に展示ホールを建設することが決まり、施設を運営する組織として、Metropolitan Fair and Exposition Authority（MFEA、現MPEAの前身）が創設された。1958年には4180万ドルの債権が発行され、翌年からマコーミック・プレイスの建設が始まった。

1960年、ついに32万平方フィートのメイン展示場、23の会議室、5,000席の劇場を備えたマコーミック・プレイスがオープンした。マコーミック大佐の名前を冠したこの施設が開業した時、すでに彼の死から5年がたっていた。

1971年にオープンした東館には新たに52万2,000平方フィートの展示スペース、20の会議室、5つの劇場、7つのレストランがあり、過去最高の38をはるかにしのぐ51の展示会・見本市が開かれた。

高まる需要に応えるため、1984年にはイリノイ州政府はマコーミック・プレイスの隣接地に51万平方フィート以上の展示スペースと会議室を備えた北館の建設に乗り出した。1985年には6,000万ドルの追加債権が発行され、1986年、北館がオープンした。1989年、マコーミック・プレイスの運営母体は再編成され、現在のMetropolitan Pier and Exposition Authority（MPEA）となった。

イリノイ州議会は1991年、南館建設のため、マコーミック・プレイスへの9億8,700万ドルの追加融資と拡張計画を承認。5年後、84万平方フィートの展示スペース、16万平方フィートの会議スペースを含む約290万平方フィートの南館が完成した。1971年に開業した東館は改修工事を経て、1998年にレイクサイドセンターとしてリニューアルオープン。新しい施設には、58万3,000平方フィートの展示スペース、4,294席のアリー・クラウン・シアターが備えられた。新しい6階建ての駐車場・会議センター・企業センターを建設する計画、マコーミック・プレイスとシカゴ中心部を結ぶ専用バスレーンを作る計画も始まった。

2001年8月、ハイアットリージェンシー・マコーミック・プレイス・カンファレンスセンターが南館の向かい側に開業した。翌年1月には、MPEAは新たなマコーミック・プレイス2.5マイルバス専用車線（ホテル間のシャトルバス用）計画を発表した。

　2007年8月には西館が開館し、47万平方フィートの展示スペース、25万平方フィートの会議スペース（市内で最大の宴会場を含む）が加わった。西館は、アメリカ・グリーンビルディング協会（USGBC）の環境配慮型ビル認証システム「LEED」の証明を受けたアメリカで最大の新築ビルとなった。

　マコーミック・プレイスは、2012年5月21日〜22日に開かれたNATO（北大西洋条約機構）首脳会議の会場に選ばれた。この会議は第2次世界大戦後の国連結成会合以降、世界のリーダーがアメリカに一堂に会した最大の会合であり、ワシントン以外のアメリカの都市で開かれた最初の首脳会議となった。同年12月にはバラク・オバマ大統領の選挙運動ナイトラリーの会場となり、1万2,000人の支持者を集めた。

　2013年、マコーミック・プレイスは、環境的に持続可能な集会・会議・イベント・見本市・会議の会場を評価・選択するASTM基準のレベル1を取得した北米で最大のコンベンションセンターとなった。レベル1は、クリーンで手頃な風力エネルギーで使用電力量の100％を賄うことが求められている。

　2015年7月、域内の2つの重要な開発計画が発表された。ホテルのマリオット・マーキス・シカゴの建設とマコーミック・プレイス・イベント・センターの開発だ。前者は、相当数のホテルの客室数の増加に繋がり、マコーミック・プレイスの経済エンジンとしての潜在能力を最大限に発揮させる。後者は2016年に完成し、2017年10月、正式に一般に供された。現在はウィントラスト・アリーナ[1]として知られる。10,387席の会場には、22のスイート、479のクラブ席、2つのVIPラウンジ、デーモン・デッキ（DePaul大生がアリーナを間近に見ることができ

---

1. DePaul大学と、シカゴの主要なコミュニティーと企業の銀行であるウィントラスト・ファイナンシャル社が15年間のスポンサー契約を結び、この名で呼ばれるようになった。

る指定セクション）がある。

　MPEAが2016年2月に発表したレポートによると、2015年の入場者は2004年以降、最高を記録した。

　2017年の初め、再び歴史の舞台となり、1月10日、オバマ大統領の辞任演説のセレモニーを運営した。その年の11月、MPEAは、メトラ駅の大幅な機能強化を発表した。新しいデジタルサイネージと音響システム、プラットフォーム区域への新しい照明設置と機能強化、駅に直行直帰する顧客に対するよりわかりやすい追加表示などだ。四つ星ホテルのマリオット・マーキス・シカゴ（北米最大のマリオットホテル）がオープンし、屋根付きのスカイデッキでマコーミック・プレイスとウィントラスト・アリーナが繋がった。

　2018年の"記録破り"は国際製造技術ショーである。マコーミック・プレイスのABCDEの全ホールが使われ、1,424万2,322平方フィートの展示スペースに2,563社が2,123ブースを出展した。32回目となった同イベントは12万9,415人の入場者も記録した。

スカイデッキで繋がる建物

マコーミック・プレイスの仕様

　マコーミック・プレイスの全区域は「マコーミック・スクエア」と呼ばれ、4つの建物から成るマコーミック・プレイス、ウィントラスト・アリーナ、2つの

ホテル（ハイアットリージェンシー・マコーミックプレイス、マリオット・マーキス・シカゴ）で構成される。

マコーミック・プレイスの4つの建物とは、西館、南館、北館、レイクサイドセンター（アリー・クラウン・シアターを含む）で、歩行者用スカイデッキで繋がっており、アメリカ最大かつもっとも使いやすいコンベンションセンターとなっている。

西館には25万平方フィートのスペースに61の会議室があり、ホールF（46万平方フィート）には、2つの受付エリア、屋根付きの庭、10万平方フィートのシカゴ最大の宴会場「スカイライン」がある。

南館には、84万平方フィートのスペース、それぞれ3万3,740平方フィート、2万1,365平方フィートの宴会場「グランド」「ヴィスタ」がある。

北館のホールBとCには70万5,500平方フィートの展示スペース、29の会議室、3万5,863平方フィートの受付ロビーがある。

レイクサイドセンターには、ホールDとE、40の会議室（58万〜14万1,000平方フィート）、野外レイクサイド宴会場、アリー・クラウン・シアター、見晴らしのよい野外デッキがある。

これらの施設の計170の会議室の使用可能面積は合計60万平方フィート。さらに6つの宴会場では1万8,000人を（着席で）収容できる。それぞれ300席のキャパシティーを持つ3つの劇場の他、アリー・クラウン・シアターには4,188席があり、ホールの天井の高さは50フィート。ゲスト用の5,800の駐車場を備えている。

経済効果の概要

マコーミック・プレイスには毎年300万人以上が訪れる。2017年の経済報告によると、年間でシカゴへの経済効果14億600万ドル、労働所得5億9,200万ドル、1万2,788人の雇用をもたらした。州レベルでは、経済効果は約6億1,500万ドル、労働所得は6億1,300万ドル。州と郡の税収は年間計1億2,300万ドルに上った。

イリノイ大学シカゴ校の都市政策と公共に関する研究チームが2017年に行った

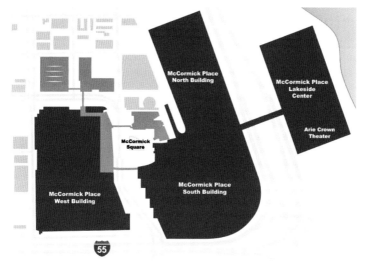

マコーミック・プレイスの施設配置図

計算によると、2014 ～ 2018年の5年間で、マコーミック・プレイス区域は、運営、インフラ改善、新しいマリオット・マーキス・ホテルとウィントラスト・アリーナの建設によって94億ドルを生み出すと見積もられた。さらに、マコーミック・スクエア区域で行われる活動によって5年間で毎年平均17億ドルを生み出すだろうと指摘された。また、経済効果の90％は域外からもたらされること、ミーティングやイベント、会議、コンベンション、見本市と関係する区域内の活動は15,000種の仕事、州の雇用の約8％と深く結び付いていることもわかった。2018年、マコーミック・プレイスだけで予約された60のミーティングは12億ドルの経済効果を生んだ。

　MPEAの2020、2021、2022年度の財務計画概説では、「マコーミック・スクエア」を構成する2つのホテルのうちマリオット・マーキス・シカゴの営業収益は3年度合計で3億2,670万ドル、営業利益は9,940万ドル、ハイアットリージェンシー・マコーミックプレイスは営業収益3億650万ドル、営業利益9,550万ドルと推定されている。

「MICE先進国」シンガポール

資源の乏しい小国故の戦略

　シンガポールは小国だ。面積は約720㎢と、東京23区と同程度しかない。東南アジア最小の島国である。人口も約564万人（2019年1月現在／うちシンガポール人・永住者は399万人）と、世界の国の人口順位で110位以下に位置するほど少ない。

　歴史的に見ても、シンガポールがイギリスの植民地支配を経てマレーシアから分離独立したのは1965年で、独立からわずか半世紀余りの新興国だ。資源に乏しく、独立当初にはこれといった観光資源はなかった。

　それがいまや、観光はシンガポールの主要産業の一つとなり、アジアを代表する「観光立国の成功例」として評価されている。2018年のシンガポールの国際観光収入は271億シンガポールドルで、シンガポールを訪れた外国人旅行者数は1,851万人に上った。

　さらに、シンガポールは、UIAの調査による「国際会議開催都市ランキング」で、2007年以降連続してアジアのトップに輝いている。

　ICCAが発表した2019年の国際会議開催件数を見ると、東京は131件なのに対しシンガポールは148件。MICE開催地として、国際都市東京を上回る数字を叩き出しているのだ。

　国土も狭く、人口も少なく、歴史も浅い――不利な条件ばかりそろっていたシンガポールが、独立から半世紀余りで観光大国・MICE先進国になり得たのはなぜか？国を挙げての長期的視野に立った戦略的取り組みが、見事に功を奏したからである。

　独立当時のシンガポールを率いたリーダーたちは、「我が国は小国で資源に乏しいからこそ、国外からヒト・モノ・カネを呼び込むことで発展する以外に道がない」と考えたのだろう。独立の前年（1964年）にはすでに、「Singapore Tourist Promotion Board（STPB：シンガポール政府観光振興局）」を設立したことからも、それがうかがえる。翌年の独立以降、STPBが核となって、観光客と外資製

造業の誘致に力を注いだのだった。なお、STPBは1997年に「Singapore Tourist Board（STB：シンガポール政府観光局）」に名称を変更した。

政府主導でハード面を整備

シンガポールでは、基本的な観光インフラの整備が、1960年代後半から1970年代にかけて集中的に行われた。「ジュロン・バードパーク」のオープン（1971年）、「シンガポール動物園」のオープン（1973年）、セントーサ島の観光地としての開発（1972年〜）などである。

また、国外からヒト・モノ・カネを呼び込むための三大要素として「大型国際ハブ空港」「大型ホテル」「大型コンベンション施設」が重要と考え、国の総力を注いで整備に取り組んできた。政府主導による、グローバルニーズに適合するハード面の整備に何十年もかけての長期計画として推進されてきたのである。

1981年に開港した「チャンギ国際空港」は、まさに大型国際ハブ空港にすべく造られたものだ。市内中心部から30分の距離に立地する空港は、乗り入れ航空会社数98社以上、コロナ禍以前には60の国・地域の約300都市に向けて週6,500便が就航しており、年間乗降客数は6,830万人以上と、シンガポールの人口の10倍以上に相当する[1]。誕生から約40年を経て、いまや堂々たる世界主要空港の一つに成長した。

1990年代に入るとMICE誘致が本格化し、MICE施設の整備・拡充が大々的に行われた。主体となったのはSTBで、その一セクションであるSECB（Singapore Exhibition and Convention Bureau）がMICEの支援と関係者の連携強化に努めた。つまり、政府機関が強いイニシアチブを発揮してMICE政策を推進してきたのである。一例を挙げれば、SECBによる「BEiS（ビジネス・イベント・イン・シンガポール）」というプログラムがあり、所定の評価条件を満たした各国の企業などがシンガポールでビジネス・イベントを開く場合、資金援助やサポートがなされる。

1. https://www.changiairport.com/

政府主導で建設された大型コンベンション施設建設としては、1995年にオープンした「サンテック・シンガポール国際会議展示場」が挙げられる。

　サンテックはシンガポール初の大型展示・会議施設、つまり展示場と会議場の複合施設である。

　展示場の徒歩圏内には、パンパシフィック・シンガポール、コンラッド・センテニアル・シンガポールなど、グローバルチェーンが運営する五つ星クラスのホテル群があり、宿泊施設も充実している。周辺には1,000軒を超える各種小売店、レストラン約300店、6つの博物館、世界一流の総合芸術文化施設「エスプラネード・シアター・オン・ザ・ベイ」などがある。

　MICE施設は、終了後の上質な楽しみを提供できる「アフター・コンベンション機能」も不可欠なのである。

　「サンテック・シンガポール」が最大の施設であったのは昔のことで、その後はさらに大きなMICE施設が続々と誕生している。

　2010年には「サンズ・エキスポ＆コンベンションセンター」がオープンした。最大45,000人を収容できるイベントスペースは12万㎡に及び、2,000の展示ブース、250の会議に対応できる。1,1000人を収容できるボールルームは東南アジア最大だ。

　同年には、統合型リゾート（IR）「マリーナベイ・サンズ」もオープンした。カジノに加え約30,000㎡の展示スペース、ミーティングルーム250室、ボールルーム24室等のMICE施設を擁する。

　2012年には、サンズ・エキスポをしのぐ計12万3,000㎡の施設規模（マックス・アトリアを含む）を誇る「シンガポール・エクスポ・コンベンション＆エキシビション・センター」がオープンした。シンガポール最大のMICE施設である。同センターはチャンギ国際空港から車で5分の距離に位置し、使い勝手も良い。

　この他に、「シンガポール・フライヤー」（2008年開設）、スポーツ総合施設「シンガポール・スポーツ・ハブ」（2014年開設）などの大規模観光施設が造られた。

　他国同様、2020年に入っての新型コロナウイルスの感染拡大は「観光立国」「MICE先進国」を直撃した。

　2020年3月23日から外国人短期渡航者の入国を全面的に停止したことから、同5月の訪問者数は前年比99.9％減少の880人に落ち込んだ。

　MICEについては、同3月以降、大型の展示会やイベントが中止・延期となった。STBは同7月、最大50名の参加者のビジネスイベントを安全に再開するために「セーフ・ビジネス・イベント・リスク管理フレーム」を策定。また、STBとシンガポール企業庁、業界団体（SACEOS/Singapore Association of Convention and Exhibition Organisers and Suppliers）は、▽イベントの安全対策のための最高レベルの基準の確立▽デジタル機能に重点を置いたビジネス・モデル▽ポスト・コロナの時代における専門家養成のための道筋の策定、といった「イベント産業レジリエンス・ロードマップ」を発表するなどMICE復活に取り組んだ。

第5章

数字で見る
世界と日本のMICE

世界の国際会議の開催件数に関しては、UIA（国際団体連合）とICCA（国際会議協会）による統計があり、両者の国際会議の定義は異なるものの、2010年頃から日本、シンガポール、韓国といったアジア勢が躍進している傾向が見られる。日本政府観光局（JNTO）の統計によると、日本国内で開催された国際会議の件数は2010年から大幅に増え、2019年は3,621件で過去最高を記録した。

　しかし、巨大なMICE全体から見ると、国際会議は氷山の一角でしかない。例えば、MICEを包摂する日本国内のイベントの経済効果について、日本イベント産業振興協会（JACE）の報告書では、2019年の消費規模は17兆4,890億円に上るとしている。UFI（国際見本市連盟）は、2018年の展示会による世界のGDPの押し上げ効果は1,670億ユーロ（1,980億ドル）といった数字を挙げている。

世界のMICE、日本のMICE

国際会議団体〜 UIAとICCA

　国際会議は、新型コロナウイルスのパンデミックが起きる前まで国内外ともに増加傾向にあった。観光庁の「MICEの誘致・開催の取組について」（2020年11月）にある「世界の国際会議開催件数の推移」というデータ[1]によると2010 ～ 2019年の10年間での世界全体の国際会議は25.9％増加している。2010年の10,528件が、2019年には13,254件となった。同データによれば日本国内で開かれた国際会議も2010年が361件であるのに対し、2019年は527件と46.0％増加している。

　背景には、まず「グローバル時代の本格化」がある。飛行機などの交通手段がコモディティ化し、誰でも容易に安価で世界を行き来できる時代になり、国境を超えて人々が集う国際会議も開催しやすくなった。

　もう一つの理由として、世界の複雑化に伴いさまざまな問題が生じ、国際会議で議論すべきテーマが増えていることがある。気候変動、難民問題などかつては存在しなかった新たな難題が年々生まれ、それに対応するために国や団体の代表が話し合わざるを得なくなっている。

　本章では、国際会議に関わる代表的な2団体、UIA（国際団体連合）とICCA（国際会議協会）による統計を取り上げる。

　UIAは1907年にベルギー・ブリュッセルで設立された非営利・非政府の団体で、世界の6万を超える国際組織・団体などの情報収集・調査・分析を行い、「UIA国際会議統計」を毎年6月に発表している。

　ICCAは、1963年にオランダのアムステルダムで設立された同じく非営利・非政府の団体である。約100カ国の1,000以上の企業が加盟し、国際会議やコンベンションに関する情報交換が目的のMICE分野における最大規模の業界団体であり、活動の一環として、「ICCA Statistics Report」という国際会議統計レポートを毎年発表している。

---

1. データはICCA（国際会議協会）「ICCA Statistics Report 2019」（2020年5月時点）に基づき観光庁作成。

UIAとICCAの「国際会議」の定義は異なる。

UIAの統計「International Meetings Statistics Report 61st Edition - July 2020」によると、UIAは国際会議を「タイプA」「タイプB」「タイプC」の３つに分けている。「タイプA」の会議は、UIAのデータベースに載っている国際組織と明らかに関係がある会議で、国際NGOあるいは政府間組織が関係するものでもよい。頻度、開催場所、参加者数は問わない。

「タイプB」「タイプC」は、「タイプA」に当てはまらないが、国際的意義がある重要な会議。「タイプB」は▽開催期間は3日間以上▽併設展示があるか、もしくは300人以上の参加者がある▽参加者の少なくとも40％以上がホスト国以外からの参加者であり参加国は５カ国以上。「タイプC」は▽開催期間は2日間以上▽併設展示があるか、もしくは250人以上の参加者がある▽参加者の少なくとも40％以上がホスト国以外からの参加者であり参加国は5カ国以上──などの基準を満たしているものだ。

一方、ICCA の国際会議統計レポートは、①参加者総数50人以上②定期的に開催（１回のみ開催の会議は除外）③開催国が３カ国・地域以上で会議のローテーションがある──を満たした会議を対象としている（P101【図表-20】参照）。

世界の国際会議の動向〜欧米が強く、アジアが台頭

まず、「UIA国際会議統計」によるデータを取り上げる。

2020年6月に発表された2019年の国際会議統計によると、国別の国際会議（以下すべてタイプA）の開催件数の順位は①シンガポール（1,116）②ベルギー（1,090）③韓国（1,018）④アメリカ（708）⑤日本（622）⑥フランス（616）⑦スペイン（503）⑧ドイツ（412）⑨イギリス（407）⑩オーストリア（386）。2019年に開かれた国際会議数は12,472件で、１位のシンガポールが8.9％を占めた（カッコ内の数字は開催件数。以下同じ）。

都市別の国際会議の開催件数の順位は①シンガポール（1,109）②ブリュッセル（961）③ソウル（579）④パリ（375）⑤ウィーン（306）⑥バンコク（290）⑦東京（288）⑧ロンドン（207）⑨マドリード（200）⑩リスボン（199）だった。

　大陸別では、ヨーロッパでの開催49%、アジア34%、南北アメリカ11%、アフリカ4%、オーストラリア・オセアニア2%だった。

　次に過去20年間（2000 ～ 2019年）で国際会議が多い国のトップ10は、①アメリカ②フランス③ベルギー④ドイツ⑤シンガポール⑥イタリア⑦イギリス⑧スペイン⑨韓国⑩日本。大陸別では、ヨーロッパ56%、アジア22%、南北アメリカ18%、オーストラリア・オセアニア3%、アフリカ1%。

　20年間の傾向を振り返ると、2010年頃から日本、シンガポール、韓国といったアジア勢が躍進し、欧米特にアメリカの勢いが失速しているのがわかる。まず国別の国際会議開催状況では、2000年は1 ～ 10位のトップがアメリカで、以下は9位のオーストラリアを除きヨーロッパ諸国である。そのような傾向は2006年まで続くが、2007年8位に日本、2009年6位にシンガポールが入り、2010年10位に韓国が入って以降、この3カ国はトップ10の常連となる。シンガポールは2011 ～ 2013年にアメリカに次いで2位になり、2018年、2019年にはトップにつける。2010年にベスト10入りした韓国はその後順位を上げ、2015年、2016年に2位、2017年にはトップとなった。

　これに対し、2000 ～ 2015年までトップだったアメリカは2016年、3位に落ちた。2018年はシンガポール、韓国、ベルギー、日本に続き5位となり、2019年は4位だった（【図表-13】参照）。

【図表 -13】　国際会議の開催件数国別ランキング

順位／年	2000	2005	2010	2015	2016	2017	2018	2019
1	アメリカ	アメリカ	アメリカ	アメリカ	ベルギー	韓国	シンガポール	シンガポール
2	フランス	フランス	フランス	韓国	韓国	ベルギー	韓国	ベルギー
3	イギリス	ドイツ	ベルギー	ベルギー	アメリカ	シンガポール	ベルギー	韓国
4	ドイツ	イギリス	スペイン	シンガポール	シンガポール	アメリカ	日本	アメリカ
5	イタリア	イタリア	ドイツ	フランス	フランス	オーストリア	アメリカ	日本
6	ベルギー	スペイン	日本	ドイツ	日本	日本	オーストリア	フランス
7	スペイン	オランダ	シンガポール	日本	ドイツ	ドイツ	フランス	スペイン
8	オランダ	ベルギー	イタリア	イタリア	スペイン	スペイン	スペイン	ドイツ
9	オーストラリア	スイス	イギリス	スペイン	オーストリア	フランス	イギリス	イギリス
10	スイス	オーストリア	韓国	イギリス	イギリス	イギリス	ドイツ	オーストリア

出典：「UIA国際会議統計」を基に作成（赤字はアジアの都市）

次に都市別の国際会議開催件数を見てみる。国別と同様、シンガポールの躍進が
目覚ましい。2002年に10位に入ったシンガポールは、2007年にはパリを押しのけて
トップになる。以降2014〜2016年を除き1位である。国を挙げてMICE政策を推進
してきた成果が表れているようだ。

東京は2008年に7位に入って以降、5〜9位を推移している。ソウルは2010年に9
位入りし、2015年に3位に浮上。2018年は4位だったが、釜山が10位入り。2019年は
3位に戻った。また2015年からはバンコクがベスト10に顔を出すようになるなど、
都市別でもアジア勢の伸びが目立つ（【図表-14】参照）。

【図表-14】 国際会議の開催件数都市別ランキング

順位／年	2000	2005	2010	2015	2016	2017	2018	2019
1	パリ	パリ	シンガポール	ブリュッセル	ブリュッセル	シンガポール	シンガポール	シンガポール
2	ブリュッセル	ブリュッセル	ブリュッセル	シンガポール	シンガポール	ブリュッセル	ブリュッセル	ブリュッセル
3	ロンドン	ウィーン	パリ	ソウル	ソウル	ソウル	ウィーン	ソウル
4	ジュネーブ	ジュネーブ	ウィーン	パリ	ウィーン	ウィーン	ソウル	パリ
5	ウィーン	ロンドン	ジュネーブ	ウィーン	パリ	パリ	東京	ウィーン
6	ニューヨーク	ローマ	バルセロナ	バンコク	東京	東京	パリ	バンコク
7	ベルリン	ニューヨーク	東京	東京	バンコク	バンコク	ロンドン	東京
8	ローマ	バルセロナ	ロンドン	ジュネーブ	ジュネーブ	ベルリン	マドリード	ロンドン
9	ストラスブルク	ベルリン	ソウル	ベルリン	ベルリン	ジュネーブ	バルセロナ	マドリード
10	ワシントン	シンガポール	マドリード	ロンドン	アムステルダム	バルセロナ	釜山	リスボン

出典：「UIA国際会議統計」を基に作成（赤字はアジアの都市）

次に、ICCAの統計レポートで傾向を見る。UIAの国際会議統計とは数値が違う
のは、国際会議の定義が異なるためである。また、UIA統計ではアジアの地域区分
に中東が含まれていたが、ICCAの統計には含まれていないなどといった相違もあ
る。

2019年の国別順位は①アメリカ（934）②ドイツ（714）③フランス（595）④ス
ペイン（578）⑤イギリス（567）⑥イタリア（550）⑦中国（539）⑧日本（527）
⑨オランダ（356）⑩ポルトガル（342）。

　都市別では、①パリ（237）②リスボン（190）③ベルリン（176）④バルセロナ（156）⑤マドリード（154）⑥ウィーン（149）⑦シンガポール（148）⑧ロンドン（143）⑨プラハ（138）⑩東京（131）。

　2010 〜 2019年の10年間の動向を見てみよう。まず地域別である。10年間、1位ヨーロッパ、2位がアジア、3位が北アメリカの傾向は変わらず、ヨーロッパは一貫して5割以上を占めている。アジアの構成比はずっと17 〜 19％台であったが、2018年に20.2％と初めて2割を突破し、2019年も2割超を維持した。アジアの躍進がICCAの統計でも見てとれる（【図表-15】参照）。

【図表-15】　地域別開催役割の推移

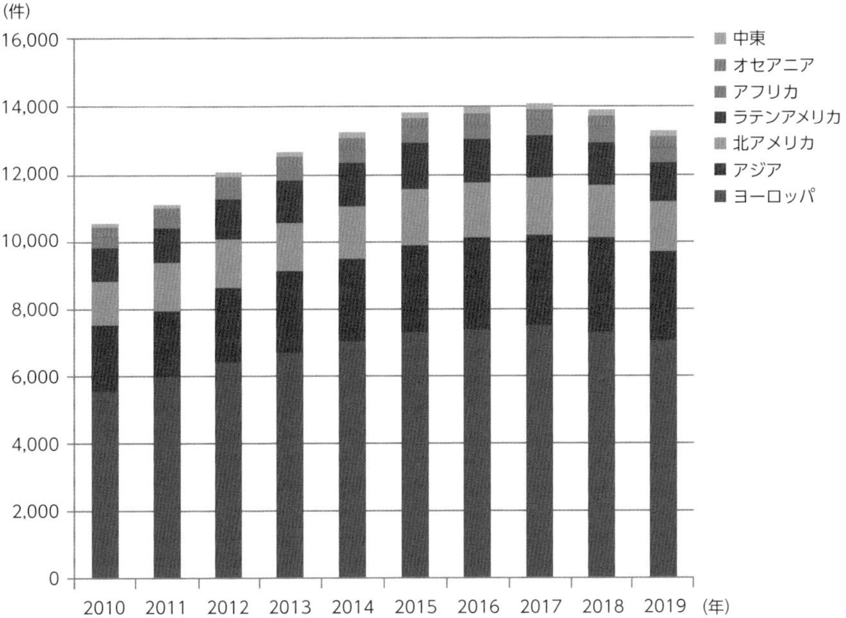

出典：ICCAの統計レポートを基に作成

　国・地域別の10年間の傾向を見ると、2019年1位のアメリカは2015年に開催件数は1,100件を超したが、以降減少傾向になっている。10年間、ドイツ、フランス、スペイン、イギリス、イタリアとヨーロッパ勢が優勢の一方、日本は2010年以降、

【図表 -16】 国・地域別の国際会議の開催件数

国/年	2010	2011	2012	2013	2014	2015	2016	2017	2018	2019
アメリカ	865	957	978	966	1,047	1,146	1,102	1,070	1,037	934
ドイツ	583	601	669	736	729	711	749	745	695	714
フランス	461	466	535	583	610	609	590	565	603	595
スペイン	183	464	532	512	560	580	602	622	635	578
イギリス	498	502	541	595	642	664	689	664	610	567
イタリア	450	445	469	508	556	581	549	572	564	550
中国 (香港、マカオを除く)	384	401	406	470	467	465	529	472	502	539
日本	361	280	376	411	410	435	468	454	505	527
オランダ	228	303	319	310	338	352	390	342	388	356
ポルトガル	197	247	222	259	218	295	318	317	323	342

【図表 -17】 都市別の国際会議の開催件数

国/年	2010	2011	2012	2013	2014	2015	2016	2017	2018	2019
パリ	172	190	214	223	253	219	206	216	216	237
リスボン	97	106	101	125	105	153	155	158	155	190
ベルリン	148	134	162	158	198	189	182	203	182	176
バルセロナ	156	152	158	163	174	189	199	214	179	156
マドリード	94	101	118	137	161	142	148	150	169	154
ウィーン	150	159	166	160	196	181	195	207	184	149
シンガポール	141	149	141	168	140	168	171	162	155	148
ロンドン	126	139	171	185	197	203	186	210	164	143
プラハ	102	112	114	138	123	140	140	167	146	138
東京	86	59	66	99	106	108	117	114	127	131

出典：両者ともICCAの統計レポートを基に作成

ほぼ右肩上がりの傾向で、2019年は、8位・527件で、10年間で最多の開催件数だった（【図表-16】参照）。

　都市別の10年間の変遷を見ると、世界全体では、上位はヨーロッパの都市が優位を保っているが、その中で、シンガポールや東京の健闘が目立つ。特に、東京は2010年の開催件数は86件だったものを2019年には131件に伸ばし、初めてベスト10入りした（【図表-17】参照）。

日本の国際会議の動向〜中・大型会議が着実に増加

　日本国内で開催される国際会議については、日本政府観光局（JNTO）国際会議統計がある。同統計は、以下の基準をすべて満たすものを「国際会議」として、統計対象にしている。UIA、ICCAの統計の定義とも異なる。

　　①主催者：国際機関・国際団体（各国支部を含む）または国家機関・国内団体
　　　　　　（「公共色を帯びていない民間企業」以外はすべて対象）
　　②参加者総数：50人以上
　　③参加国数：日本を含む3カ国・地域以上
　　④開催期間：1日以上

　JNTO「2019年国際会議統計」に基づいて、国内で開催された国際会議の動向を見る。まず、2019年に日本で開催された国際会議の件数は、前年比5.5%増の3,621件で過去最高を記録した。都市別では、東京（23区）561件、神戸市438件、京都市383件、福岡市313件、横浜市277件の順番となっている。規模別では、300人未満の小規模国際会議の開催件数が総数の7割以上を占めた。

　一方で、国際会議のうち、中・大型国際会議（外国人参加者数が50人以上で、参加者総数300人以上の会議）も着実に増え、2019年には471件で過去最高。開催件数全体に占める割合は13.0%だが、参加者全体では約5割、外国人参加者数では6割を超えている。

　過去10年（2010〜2019年）の傾向を見ると、国際会議の開催件数は大幅に増えている。2010年2,159件が、2019年には過去最高の3,621件となった。中・大型国際会議も、2010年の319件から2019年には471件と伸ばした（【図表-18】参照）。

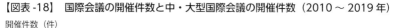

【図表 -18】 国際会議の開催件数と中・大型国際会議の開催件数（2010 ～ 2019 年）

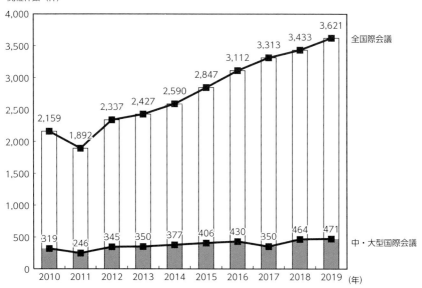

開催件数（件）

出典：JNTO「2019年国際会議統計」

　分野別の開催件数では、2019年に最も多かったのは「科学・技術・自然」分野で1,507件。同分野は2010 ～ 2019年、全体の4 ～ 5割を占めている。近年、科学技術分野における中国の台頭や、アメリカのIT分野の優位独占など、科学技術立国・日本には赤信号がともっているが、少なくとも国際会議開催件数においては、日本はまだその看板を下ろしたわけではないのだ。

　それ以外の分野では、2019年の開催件数は、「医学」631件、「芸術・文化・教育」481件、「政治・経済・法律」435件と続く。「芸術・文化・教育」と「政治・経済・法律」は過去10年で最多を記録した。

　規模別の開催状況を見ると、全国際会議の7割を占めるのが300人未満の会議で、特に100人未満の小規模な国際会議が1,302件で全体の36.0％ともっとも割合が大きい（2019年）。100人未満の会議は、2010年には584件で全体の27.0％だったのが、全体の3割を超えるようになったのは近年の特徴である。

国際会議は氷山の一角

　ここまで国際会議に絞って説明してきたのは、開催件数の統計がきちんとあるからである。しかし、巨大なMICE全体から見れば、国際会議は氷山の一角でしかない。

　UIAとICCAが定める「国際会議」の基準は、「国際機関・国家機関などが主催した会議」などの条件があり、ヨーロッパに多い国際会議の形態だ。つまり、それ以外のMICEは統計から除外されているということだ。例えば、政府間交渉や宗教団体が主催する国際会議などである。多国籍企業が行うコンベンションや企業が行う国際ミーティング、世界中に支部を持つ宗教団体が開く国際会議は、参加者数も参加国数も多く、もちろん、経済効果も大きいが、UIAとICCAが定める国際会議統計には含まれていない。

　1986年にアメリカのコカ・コーラ社が「コカ・コーラ誕生100周年」（1886年に、薬剤師のジョン・S・ペンバートン博士がコカ・コーラを発明してからちょうど100年）を記念して開いたイベントの巨大さ、豪華さは、今も語り草になっている。本社のあるアメリカ・ジョージア州アトランタを筆頭に、世界中で華やかな祝賀イベントが開かれたのである。特にアトランタでは、イベントが開催された5月7日からの4日間、街は隅から隅までコカ・コーラ一色に染まり、「アトランタ史上、最大の企業イベント」と言われたほどだ。招待客は約1万4,000人。世界1,500社以上に上る各国のコカ・コーラ社と、ボトラー（コカ・コーラのフランチャイザー）の首脳、幹部社員、その家族たちで、彼らを宿泊させるため、市内の一流ホテルはすべてが貸し切られ、毎晩各ホテルではコカ・コーラ社主催のパーティーが開かれたという。

　アメリカにおいては大企業の株主総会も、早い時期からイベント化している。日本における株主総会も近年は、一部エンターテインメント化が見られる。株主総会で所属アーティストたちがズラリとそろう「株主限定ライブ」を行った事例もある。さいたまスーパーアリーナなどの巨大コンベンション施設を借り切っての盛大で豪華なもので、毎年大きな話題となった。同様に、ゲームメーカーが株主総会を一大イベントにするなど、特にエンターテインメント業界の企業に、「株主総会の

イベント化」の傾向が著しい。

イベントの経済効果〜JACEの推計から

　日本国内のイベントの経済効果などについては、広告代理店やイベントの企画制作など幅広い企業・団体で構成する一般社団法人日本イベント産業振興協会（JACE）が「2019年イベント消費規模推計報告書」をまとめている。

　推計の根拠となる調査は、イベント来場者消費額を算出する指標を得るため国内在住の男女で、2019年1月〜12月に国内で開催されたイベントに1回以上参加した2,000人を対象に消費金額などをインターネットで聞いた。調査期間は、2020年1月23〜27日。

　調査でいうイベントは▽博覧会▽会議イベント▽見本市・展示会▽文化イベント▽スポーツイベント▽フェスティバル▽販促イベント▽興行イベント▽その他のイベントのカテゴリーに分かれ、MICEをほぼ網羅しているといっていいだろう。「消

【図表 -19】　イベント消費規模（全体）の推移（単位億円）

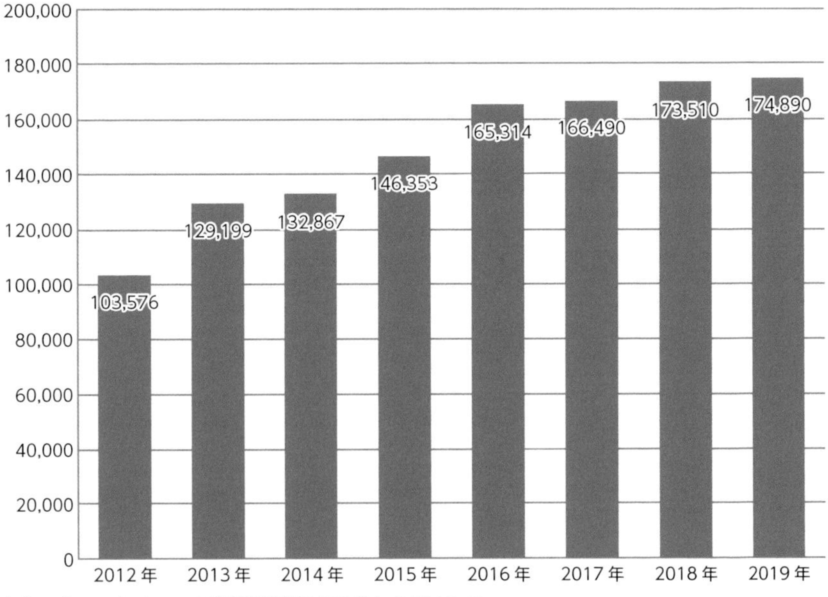

出典：「2019年イベント消費規模推計報告書」を基に作成

費金額」は、チケット代や入場料など以外に、交通費、宿泊費、イベント会場での支出、イベント会場への往復途中や会場外での物品購入費等、帰宅後に発生したイベントに関わる支出などを含む。

報告書によると、2019年のイベントの全体消費規模金額は、17兆4,890億円（前年比100.8％）と7年連続で前年を上回った（【図表-19】参照）。

カテゴリー別では、消費規模が大きい順に▽興行イベント6兆1,156億円▽フェスティバル2兆7,060億円▽スポーツイベント2兆4,339億円▽文化イベント2兆3,845億円▽会議イベント2兆2,392億円、となっている。前年より大幅に増えたカテゴリーは、スポーツイベントで前年比149.1％、2012年度のパイロット調査開始以降、2016年度の2兆8,468億円に次ぐ高い金額となった。ラグビーワールドカップ2019のような特徴的なイベントだけでなく、市民マラソンなど参加型スポーツイベントやファン感謝デーなどエンターテインメント性が強いスポーツイベントが増えていることが背景にある、と報告書は指摘している。

調査対象者が参加したイベントで多かったのは、フェスティバル（75.0％）、興行イベント（42.4％）、文化イベント（42.3％）、会議イベント（26.5％）、スポーツイベント（23.6％）だった。

また、調査を基にイベント延べ参加人数を試算（イベント参加人数×イベント参加回数）したところ、フェスティバル1億7,796万2,460人、興行イベント1億5,796万8,391人、文化イベント1億1,762万9,160人となった。

見本市・展示会～世界と日本

世界の展示会に関しては、UFI（国際見本市連盟）が、展示会による経済効果を算出している。UFIには、展示会産業に携わる85カ国の795団体が加盟している（2021年4月現在）。

UFIの「Global Economic Impact of Exhibitions 2020 Edition」では、まず「展示会」「展覧会」「見本市」を「さまざまな製品、サービス、または情報を陳列し広めるための催し」と定義し、展示会は、フリーマーケットや路上マーケットを含まないが、商取引展示会（trade exhibition）、一般公開展示会（public exhibition：コンシューマーショーと呼ばれることもある）は含むとしている。

そして、経済効果を①直接効果②間接効果③誘発効果に分類。①の直接効果は、展示会の計画・開催に直接関わる支出と雇用で、参加者や出展者の旅費も含む。②の間接効果は、下流のサプライヤー業界がもたらす経済効果で、例えば、エネルギー、食料、専門的サービスに支払われる費用が入る。③の誘発効果は、展示会に関わった人たちが、賃金・給与により広範囲な経済活動に使う費用である。

　2020年版によると、2018年には180カ国以上で約3万2,000の展示会が開催され、500万以上の出展者が関わり、3億300万人が訪れた。

　来場者・出展者による直接的な支出は、追加的な展示会関連支出を合わせて、1,160億ユーロ（1,370億ドル）で、GDPへの効果は、690億ユーロ（810億ドル）だった。また、世界全体で延べ130万人分の雇用を生み出した。

　これに、間接効果と誘発効果を加えると、2018年の展示会の経済効果は、事業販売の合計が2,750億ユーロ（3,250億ドル）、世界のGDPの押し上げ効果が1,670億ユーロ（1,980億ドル）となり、創出された雇用は延べ320万人分となった。

　2018年の展示会の直接支出を地域別に見ると、北米が506億ユーロ（597億ドル）で、世界全体の直接支出の43.6％。次いで、ヨーロッパが395億ユーロ（467億ドル）で34.1％、アジア太平洋は224億ユーロ（264億ドル）で19.3％であった。

　出展者でも、世界全体の出展者数の35.3％に相当する160万の出展者を集めた北米が最多となり、134万（世界全体の29.6％）のヨーロッパ、121万（同26.7％）のアジア太平洋が2、3位に続いた。中南米、中東、アフリカの展示会に参加した出展者の数はそれぞれ25万未満だった。

　展示会来場者の数で見ると、ヨーロッパが最多で1億1,200万人の来場者があり、世界の37.0％を占めた。2位は北米の9,120万人（世界シェア30.1％）、3位がアジア太平洋の8,150万人（同26.9％）であった。中南米、中東、アフリカの来場者は1,000万人未満だった。

　日本国内の見本市・展示会については、主催者・展示会場・支援企業で構成する一般社団法人日本展示会協会（日展協）が、展示会実績調査をしている。

　2021年1月に発表した2019年の展示会実績（回答20社・71団体）によると、2019年1~12月の展示会数は603件だった。東京ビッグサイトでの開催が296件と全体の半数を占め、幕張メッセ100件、インテックス大阪75件と続く。

【図表-20】 MICE に関する統計などと定義

統計・推計	選定基準・定義
UIAの国際会議統計	タイプA：UIAのデータベースに載っている国際組織と明らかに関係がある会議で、国際NGOあるいは政府間組織に関係するものでもよい。頻度、開催場所、参加者数は問わない タイプB：▽「タイプA」に当てはまらなくても重要な国際的意義がある会議であること▽開催期間は3日間以上▽併設展示があるか、もしくは300人以上の参加者がある▽参加者の少なくとも40％以上がホスト国以外からの参加者であり参加国は5カ国以上 タイプC：▽「タイプA」に当てはまらなくても重要な国際的意義がある会議であること▽開催期間は2日間以上▽併設展示があるか、もしくは250人以上の参加者があること▽参加者の少なくとも40％以上がホスト国以外からの参加者であり参加国は5カ国以上
ICCA国際会議統計	（1）参加者総数：50人以上 （2）開催期間：定期的に開催（1回のみ開催の会議は除外） （3）開催国について：3カ国・地域以上で会議のローテーションがある
JNTOの日本国内で開かれる国際会議統計	（1）主催者： 国際機関・国際団体（各国支部を含む） 　　　　　　または国家機関・国内団体（民間企業以外） （2）参加者総数：50人以上 （3）参加国数：日本を含む3カ国・地域以上 （4）開催期間：1日以上
日本イベント産業振興協会のイベント消費規模推計	国内で開催され次の①～⑨のカテゴリーのいずれかに当てはまる内容であること。①博覧会 ②会議イベント（国際団体・国際学会の会議、株主総会、市民講座など）③見本市・展示会 ④文化イベント（合唱発表会、絵画展、演劇、映画鑑賞会など）⑤スポーツイベント（国体、マラソン大会、ファン感謝デーなど）⑥フェスティバル（産業まつり、夏祭り、イルミネーション、フリーマーケット、仮装行列など）⑦販促イベント（店頭イベント、新製品発表会、企業の周年行事など）⑧興行イベント（音楽イベント、プロスポーツ、競馬など）⑨その他のイベント
UFI（国際見本市連盟）の展示会・見本市の経済効果	「製品、サービス、情報」を展示及び普及するイベント。ISO25639-1：2008（E/F）の定義に準拠。「会議」「コンベンション」「セミナー」など企業・消費者向けイベントとは異なる。フリーマーケットや路上マーケットは含まない。商取引を目的とする貿易展示会や一般消費者向け展示会は含む。

出展社・団体数は77,041。「海外からの出展社・団体は全体の約19%で、わが国で開催される展示会の国際化が徐々に進行していることがうかがえる」と日展協は分析している。総来場者数は7,490,484人で、こちらは圧倒的多数が国内からだったという。

　統計をとった組織とそれぞれの国際会議、イベント、見本市の「定義」をまとめたのがP101【図表-20】である。

第 6 章

日本のMICE事例

「M」「I」「C」「E」はどのように開催・運営されるのか。そもそもどのようなものなのか。本章では、▽MICEの多くの要素を内包する「医学・医療のオリンピック」である第29回日本医学会総会2015関西の取り組み▽官民による「世界湖沼会議」のような日本発の国際会議からG7伊勢志摩サミットなどの首脳会議まで▽医学系国際会議を日本に誘致するための戦略・実践の道のり▽医療用医薬品企業の「M」の重要ポイント▽インセンティブとは何か▽海外企業、日本のグローバル企業のインセンティブ事例▽「Exposition＝博覧会」の歴史とこれからのあるべき姿▽「Exhibition＝見本市」こそ経済成長のエンジンである理由▽MICEとしてのライブ・エンターテインメントやそれを支える人の思い —— などを紹介し、多角的に考える。

医学・医療のオリンピック「日本医学会総会」

　日本医学会総会は「医学・医療のオリンピック」と呼ばれ、3万人以上が参加する日本最大の医学系コンベンションである。MICEの多くの要素を内包する日本医学会総会はどのようなものなのか、どのように開催されるのかを解説する。

概要

　日本医学会は日本聯合医学会として、1902年に創設され、MICEのC=Conventionの中でも日本最大級である日本医学会総会を開催する活動を続けている。なお、4年に1度開催され、医学・医療に携わる関係者が一堂に会することから、「医学・医療のオリンピック」「日本医学会の一大祭典」とも呼ばれている。

　主催団体は日本医学会という、「医学に関する科学および技術の研究促進を図り、医学および医療の水準の向上に寄与する」ことを目的として活動している組織である。1902年、16の分科会が合同で第1回日本聯合医学会を上野の東京音楽学校において開催。これが日本医学会の創設日となっている。日本医学会の活動はあくまで学問中心で、その会員制度は学会単位の加盟であり、2020年3月現在、136分科会（学会）を擁している。

　分科会（学会）とは日本最大の会員数を誇る日本内科学会や日本外科学会をはじめ、医学・医療の各専門分野に特化した団体であり、毎年、会員が集まる会合（総会／学術集会）を開催する。会合では国内外から集ったトップレベルの専門家による特別講演やシンポジウム、日々の研究を発表する一般演題、関連企業によるセミナーや展示会、また懇親会等の交流行事が開催され、最新の知識の取得や情報交換等、活発なコミュニケーションが行われる場となっている。

　このような分科会の会合と比較して、日本医学会総会では、次のような重要な役割がある。

　①一つひとつの分科会では討議できないような大きなテーマを話し合う

　②医学の進歩や今の医療が抱える課題を周知する

　日本医学会総会（医総会）のプログラムはすべて主催主導で決められ、分科会で行われる一般演題の流れ（投稿・査読・採択・発表）は存在しない。主催は最初に

総会のテーマと基本理念を策定し、それに沿ってプログラムを決定する。医学・医療全従事者を対象にしていることから、専門領域の枠を超えた分野横断的で大きな医学・医療の流れを知ることができるものとする必要があり、各時代の流れを大いに反映するテーマが盛り込まれるのである。

　例えば、第2次世界大戦直後の日本医学会総会では原子爆弾の影響に関する講演が行われた。平成の時代になると、「エイズ」「SARS」「環境ホルモン」「クローン技術」を取り上げ、2000年以降は「iPS細胞」「ロボット手術」「ゲノム医療」「ビッグデータ」「チーム医療」といったテクノロジーの進化を反映したテーマを掲げた。

　各分科会が「明日からでもすぐに使える知識の習得」をめざしているのに対し、日本医学会総会は「日本の医学・医療の方向性を指し示し、生涯教育の場となること」を目的にしている。

　また、日本医学会総会では、医学の歴史・変遷から最新の技術までわかりやすく紹介する。重要なイベントの一つである医学史展開催は、一般市民への医学・医療の歴史的な情報提供の場となっている。内容は、専門家による講演や展示にとどまらず、最新の手術支援ロボットを使った手術体験や看護師体験、健康チェック、救急法の習得等、楽しく学べる体験型のプログラムが多く実施される。それにより、市民が健康への意識を高めるとともに、将来医療従事者をめざすきっかけづくりにもなっている。

構成

　構成は、専門家向けの学術講演（会期3日）・学術展示（同4日）と市民向け展示（1週間〜10日程度）、医学史展（2カ月間）で構成され、付随して医師会中心の各種ソーシャルプログラム（社交行事）がある。

①学術講演

　医学・医療従事者が対象となる。医療は医師だけでは成り立たず医療チームとして医師を支援する研究者・歯科医師・MR（医療情報担当者）・行政・企業・薬剤師・看護師・臨床検査技師・診療放射線技師・理学療法士・社会福祉士・病院事務・管理関係者等への情報発信を目的として、多岐にわたる。

　プログラムとしては、開閉会講演・会頭講演・日本医師会会長ならびに日本医学会会長講演・特別講演・シンポジウム・パネルディスカッション・共催セミナー等がある。特に開閉会講演では過去において下記のような各界の著名人の講演もあり、多角的な視点から医学・医療について検討する場となっている（【図表-21】参照）。

【図表-21】　著名人による講演例

1987年／第22回／東京	閉会講演	柳田 邦男（作家）
1991年／第23回／京都	閉会講演	司馬 遼太郎（作家）
1995年／第24回／名古屋	閉会講演	大江 健三郎（作家、ノーベル文学賞）
1999年／第25回／東京	閉会講演	立花 隆（ノンフィクションライター）
2003年／第26回／福岡	招待講演 閉会講演	田中 耕一（ノーベル化学賞） 松井 孝典（東大教授）
2007年／第27回／大阪	特別講演 閉会講演	安藤 忠雄（建築家） 向井 千秋（宇宙飛行士）
2011年／第28回／東京	閉会講演	鈴木 章（ノーベル化学賞）
2015年／第29回／関西	閉会講演 閉会講演	山中 伸弥（ノーベル生理学・医学賞） 稲盛 和夫（公益財団稲盛財団理事長）
2019年／第30回／名古屋	閉会講演	葛西 敬之（JR東海取締役名誉会長）

　開閉会式では世界的な指揮者による演奏会やコンサート等、式典を華々しく彩る催しを行う。さらに開会式では皇室に臨席いただく場合もある。その際には、事前に宮内庁や地元警察、民間警備会社と綿密な打ち合わせをした上で、万全の体制で臨む。

　会場や発表形式も時代を先んじた取り組みがなされている。1987年総会では初の通信衛星（さくら2号）を用いた講演を開催。1991年には複数会場を結んでの双方向中継を実施。2015年はiPadを用いてのアナライザーセッション[1]が行われた。こ

---

1. IT端末を使用して、発表者と参加者がリアルタイムで双方向のやりとりをすることをとり入れたセッション。参加者の反応を直ちに分析できたりするため、セッションのクオリティが高まる。

ういった日本医学会総会で実施された新しい取り組みや企画は、分科会にも波及し、日本の医学界の流れをつくるものとなる。

　今後は、IoT、IT、AI等の急速な進歩により、講演形式や運営方法は大きく変わる可能性がある。

②学術展示

　学術展示は学術講演参加者向けに行われる展示会である。展示委員会主導でテーマを決めて行うテーマ展示、製薬／医療機器団体による企業展示の2つで構成され、特にテーマ展示では総会のテーマに沿って、最新の技術や一足先の未来を見せる展示となっている（【図表-22】参照）。

【図表-22】 テーマ展示例

1987年／第22回／東京	放射線・画像診断機器（MRI）、情報とニューメディア（ソフトウェア要覧刊行）
1995年／第24回／名古屋	ホスピタルアメニティ、宇宙医学、人工臓器
2015年／第29回／関西	ITがもたらす情報化社会、iPS細胞、ダビンチ等を用いたロボットテクノロジー
2019年／第30回／名古屋	ICT／IoTによるスマートホスピタル

　こういった展示を実施するにあたり、製薬／医療機器団体のみならず、分科会や行政、通信やメーカー等、医学・医療に今後参入予定の企業等、幅広い分野の関係団体・組織の協力が必要となる。

　企業展示についても100社前後の企業が出展し、医療従事者に役立つ情報を提供する場となっている。

③一般公開展示

　一般公開展示は「開かれた医学会総会」を実現するため、1987年の第22回総会（東京）で初めて開催された。西武百貨店の池袋アートフォーラムにて「くすりの博物館」、スタジオ200にて「公開くすりのシンポジウム」、同百貨店池袋店7F大催

事場で「ニュー医療・健康サービス展示」が開かれ、延べ15万人を超える来場者があった。近年では体験企画を中心として、VR（仮想現実）アプリを用いた手術トレーニングや、理学療法士・臨床工学技士等のメディカルスタッフの仕事体験、災害救助のデモンストレーション等、医学・医療を身近に感じられる企画を多く実施している。

　関係団体としては、行政・企業・関連団体をはじめとし、地元支援団体や教育委員会等の教育機関、大学研究室等で企画の立案・運営を行い、またテレビ・新聞等のマスメディアと広報連携することで、現在では延べ30万人を超える大規模展示会となっている。

④その他

　その他にも日本医学会総会では、下記のような多彩な企画を実施している。
・ソーシャルイベント：ラグビーや囲碁、音楽等、同好の士が集まり、競技や発表会を実施。
・医学史展：漢方や蘭学からもたらされた解剖等、当時の貴重な資料等を用いた展示やセミナー。
・プレイベント：会期までに総会プログラムの一端を楽しめる企画の実施。

日本医学会総会の経済効果

　日本最大級のイベントである日本医学会総会は、その経済効果も大きい。

　学術講演／学術展示は3万人以上の来場者があり、市民向けの一般展示も延べ約30万人が参加する。これだけの人数を収容する会場、機材・施工・運営スタッフ、参加者に配布する記念品、広報、登録、4年という長期にわたる準備のための事務局等々、計十数億円規模の予算となる。

　また、開催地にもたらす経済効果も大きい。交通や宿泊に加え、ソーシャルイベントや懇親会、各種関連団体が個別に開催するセミナーや交歓行事等、会期中は開催都市内の多くのホテルや会場が参加者で埋まると言っても過言ではない。さらに、日本医学会総会で紹介された技術や製品は、その先の主流となる可能性が高

く、関連団体・企業にとっても販路拡大の機会となる。

第29回日本医学会総会 2015 関西

「第29回日本医学会総会 2015 関西」は、オール関西の広域で開催することになりテーマを「医学と医療の革新を目指して－健康社会を共に生きるきずなの構築－」とし、2015年4月11日〜13日、国立京都国際会館をメイン会場として学術講演を開催した。

前回東京（第28回）での日本医学会総会は東日本大震災のために大幅な縮小開催となり、実質的には8年ぶりの開催となったため、特に若い人たちの間で「医学会総会」そのものの認知度が低かったことから、その認知度を上げるため近畿医師会連合2府4県医師会での医師医学会等のプレイベント、「ISOUKAI」などを行うとともにメディアでの広報活動を実施した。

その他、一般公開展示「未来医XPO'15」を神戸で、「医総会WEEK」を京都で行うなどプレイベントを関西6府県で実施するなど初めての"オール関西"での取り組みとなった。

特筆すべきこととして、日本医学会総会はこれまで若い世代の育成にあまり取り組んでこなかった経緯から、新たな取り組みとして、学生時代から医療全体の問題に意識を高める目的で関西地区の12の医学部、医科大学、さらに看護大学、薬科大学から推薦された学生が3年にわたって、年1、2回のフォーラムや合宿を行う「医療チーム学生フォーラム」を立ち上げ、医療・医学の重要問題について議論し、その成果を総会のいくつかのシンポジウムにおいて発表したことが挙げられる。

事前準備から事後処理まで約4年間、この多岐にわたるプロジェクトを紹介する。

①分野横断的なプログラム

まず医師だけではなく、さまざまな職種・立場の参加者に対するプログラムを準備するために、総会テーマである「医学」「医療」「きずな」の3つを20に細分した。

プログラム作成では、主催機関の協力を得て100人を超える医師・医療スタッフで構成されたワーキンググループをつくり検討を重ねた。できるだけ多くの方が登壇できるよう「1人1役割」とし、最終的に500人を超える先生方に座長や演者の役割

を担っていただいた。

プログラムは総会の根幹を成すもっとも重要な部分となるため、内容検討には1年以上の時間をかけた。また、座長・演者が決まってからも、急な変更やホットトピックスの追加等、状況に応じて臨機応変な対応が必要となった。

②登録促進活動

4年に1度しか開催されない日本医学会総会に参加者を募るためには、長期的な活動が必要となる。まずは、参加登録促進に協力していただく登録委員を全国に任命。次に広報グッズを作成し、参加登録開始日に向けて各方面への広報活動を実施した。

登録開始後も、各カテゴリーの登録状況を見ながら、日本医学会・分科会、日本医師会・都道府県医師会、大学、病院、日本薬剤師会、日本看護協会を含む関連団体等に協力を仰ぎ、最終的に事前・当日合わせて3万人を超える参加者を募ることができた。

③盛大に執り行われた開会式

学術講演初日の4月11日に開催された開会式は、皇太子殿下（現天皇陛下）のご臨席を賜った。世界的に著名な指揮者である佐渡裕氏とスーパーキッズによるオープニング演奏後、副会頭である本庶佑京都大学名誉教授（2018年にノーベル生理学・医学賞受賞）の開会宣言で盛大に幕を開けた。宣言直後には、山中伸弥・京都

皇太子殿下（現天皇陛下）の臨席を賜った開会式

大学iPS細胞研究所所長（2012年にノーベル生理学・医学賞受賞）による開会講演が行われた。メイン会場は満席となり、中継会場を増室し対応した。

　皇室のご臨席を賜る場合は、宮内庁や地元警察との折衝や自主警備の手配が必要となるため、専門スタッフを配置し、細かなシミュレーションを行って万全の態勢を敷いた。

④体育会系から文化会系まで幅広いソーシャルイベント

　日本医学会総会では、毎回、スポーツや武道、芸術の同好の士が集まり、競技・発表するソーシャルイベント（交歓行事）が、医師会の協力を得て催されている。今回は「市民との交流」も活動指針に掲げ、一部を市民参加可能とした結果、淀川河川敷公園を走るジョギングでは、医師38人と市民60人が楽しく交歓することができた。

　事務局では、配布物の制作、申込受付、保険の加入等、15の交歓行事がそれぞれ滞りなく開催できるよう各世話人と密に連絡をとり準備した。

ソーシャルイベントのジョギングでは医師と市民が交歓

⑤一般公開展示と学術講演を繋ぐ「医総会WEEK」

　市民向けの一般公開展示は春休みを狙って2015年3月28日～4月5日に神戸で開催し、医療従事者向けの学術講演は京都で4月11日～13日に行った。その間を繋ぐ企画として、京都で市民向けの公開講座である医総会WEEKを4月4～12日に開いた。

　京都の窓口である京都駅前広場、京都劇場、メルパルク京都をすべて借り上げ、32のイベントを実施した。「がん」「睡眠」「アレルギー」「認知症」など健康に関す

市民参加イベント「医総会WEEK」ではクイズ大会も開かれた

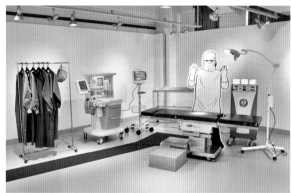

「医師たちのブラック・ジャック展」の手術室を模した写真撮影コーナー

るセミナーや、オリンピック金メダリストの葛西紀明氏やJAXA宇宙飛行士の古川聡氏による特別講演、吉本興業芸人によるトークショー、コンサートや子供向けのクイズ大会、外科手術体験や救急救命体験など、子供から大人まで家族で楽しめる企画となった。

　また、2月28日〜5月10日にかけて京都国際マンガミュージアムと共催で「医師たちのブラック・ジャック展」を実施した。医療機器メーカーの協力により、実際の手術室を模した写真撮影コーナーを設置したり、第一線で活躍する外科医が選んだ名シーンのパネルを展示したりした。海外の観光客も多い施設のため、パネル展示は英語でも作成した。会期中、国内外から7万人を超える来館があった。

⑥華岡流外科顕彰碑「合水堂」建立

　和歌山に医塾「春林軒」を創設した華岡青洲（1760 ～ 1835年）は、全身麻酔薬「通仙散」を創製後、1804年、世界初の全身麻酔による乳がんの摘出手術に成功した。華岡青洲の弟子は全国に広がり、その多くが大阪の分塾「合水堂」に学んだが、「合水堂」の史跡がなく、跡地に記念碑を建立することは青洲の子孫らの悲願であった。青洲の子孫の主唱者の希望をかなえるべく、日本医史学会、日本麻酔科学会の協力を得て、「第29回日本医学会総会」が後援して華岡流外科顕彰碑「合水堂」の建立が実現した。

⑦記念出版物

　医務目録、『医と人間』（岩波新書）、医学史展記録集『医は意なり』、雑誌『医師たちのブラックジャック展』。

　上記はほんの一部であるが、講演・展示・式典・招宴等MICEのすべての要素が詰まっているのが日本医学会総会である。

日本で始まった環境関連国際会議

　世界湖沼会議は、官民が「湖沼」を切り口に多様な環境問題について議論するユニークな国際会議である。2018年10月15日～19日に茨城県で開かれた「第17回世界湖沼会議（いばらき霞ヶ浦2018）」には50カ国・地域から延べ約5,500人が参加し、「人と湖の共生」について話し合った。

概略と歴史

　琵琶湖を擁する滋賀県は1984年、世界的課題である淡水資源の持続的利用に向け世界と連携しようと「世界湖沼環境会議」を提唱し、開催した。この時は、滋賀県と総合研究開発機構（NIRA）の共催だったが、1986年には世界湖沼会議（WLC：World Lake Conference）と名前を変え、同年の第2回から公益財団法人国際湖沼環境委員会（ILEC、滋賀県草津市）と開催国の団体等との共催となった。おおむね2年ごとに開かれ、2018年までに10カ国を巡った。

　WLCは、研究者、行政担当官、NGOや市民らが一堂に会し、世界の湖沼及び湖沼流域で起きている多種多様な環境問題について現状や課題、解決に向けた取り組みについて情報交換・議論し、総括と成果として、開催地から世界に向けた湖沼保全のための宣言を発信している。

　初回のテーマは「湖沼環境の保全と管理」。1986年のWLC2（アメリカ・ミシガン州）、1988年のWLC3（ハンガリー）では毒性物質による汚染が重要課題となるなど水質の議論が中心だったが、その後は「持続可能な湖沼管理」「生態系の維持と人間との共存」と、時代に合わせて広がりをもったテーマに変わってきている。

開催決定

　茨城県は1995年、「第6回世界湖沼会議（WLC6）」をつくば市と土浦市を会場として開催した。テーマは「人と湖沼の調和―持続可能な湖沼と貯水池の利用をめざして」だった。湖沼が抱える富栄養化などのさまざまな問題の解決に向け、世界の最新の研究成果を学ぶ機会になるとともに、水環境保全活動への市民参加を促進する契機となった。また、関係者の連携の重要性や国際協力の必要性が認識され、最

終日には、21世紀に向けた行動指針「霞ヶ浦宣言」を世界に向けて発信した。

　WLC6から約20年を経た2013年。同年9月の知事選で6選を果たした橋本昌知事が12月の定例議会で「世界湖沼会議の再誘致の是非について検討してまいりたい」と表明した。県は、ILECから開催年度や開催地の決定方法等に関する情報収集をするとともに、霞ヶ浦流域市町村や学識経験者等からの意見聴取を開始した。その後、2015年3月に市民団体から知事宛てに会議開催要望書が提出されたこと、同5月に霞ヶ浦問題協議会で誘致のための議論を進めていくことが確認されたことを受け、同年7月、茨城県はILECに「開催地応募書」を提出した。

　ILECは2015年10月1日、茨城県での開催を正式に決定した。

基本構想・基本計画

　2016年1月、第17回世界湖沼会議企画準備委員会（委員長・松井三郎ILEC評議員、委員15人）が設立された。同委員会は、会期、会場の選定、会議のメインテーマや組織体制、会議の方向性などについて検討し、同年8月、基本構想を取りまとめた。テーマは「人と湖沼の共生─持続可能な生態系サービスを目指して─」。1995年に茨城県で開かれたWLC6のテーマ「人と湖沼の調和」が「人と湖沼の共生」に、「湖沼と貯水池の利用」が生物の多様性を基盤とする生態系から得られる恵みである「生態系サービス」に深化した。

　同委員会は2017年2月に基本計画の策定や会議の多彩なメニュー、スケジュール案を決めた。9つの分科会（口頭またはポスター発表）と霞ヶ浦セッション（ポスター発表）については、論文募集・審査を行った。

いばらき霞ヶ浦2018開幕

　第17回世界湖沼会議（いばらき霞ヶ浦2018）は2018年10月15日、つくば国際会議場をメイン会場として始まり、50カ国・地域から約5,500人が集まった。

　開会式で実行委員会会長である大井川和彦茨城県知事は「世界の湖沼は、地球規模の気候変動や人間活動により生態系サービスが将来にわたり享受できなくなることが懸念されている」として、対策についての意見交換を求めた。秋篠宮殿下（現皇嗣殿下）は「生態系サービスを将来にわたって持続的に確保していくためには、

湖沼に関係する一人ひとりがこの問題に積極的な関心を寄せ、行動に移していくことが大切であります」と述べられた。

　WLC17の大きな特徴の一つが、開会式に先立つ14日に開かれた学生会議である。「小学生の部」「中学生の部」「高校生の部」に分かれ、水や湖沼に関する研究や取り組みについてディスカッションが繰り広げられた。15日の開会式で「小学生の部」「中学生の部」「高校生の部」それぞれの代表者が総括を発表し、次世代に繋ぐことを象徴した。

　開会式に続き、開発途上国の研究者の論文の中から選定された10編の優れた論文の発表者を顕彰するいばらき霞ヶ浦賞授与式があった。

会議概要

①基調講演

　　三村信男茨城大学長「地球環境の変動と湖沼の未来」

②湖沼セッション（国外湖沼）

　　国外の湖沼流域関係者の情報共有を図り、流域内及び流域間連携を推進するために市民、行政、研究者、企業が施策等を討議。

③政策フォーラム

　　茨城県知事、国土交通省水管理・国土保全局長、環境省水・大気環境局長、農林水産省農林水産技術会議事務局研究総務官、国連環境計画担当者、ハンガリー・バラトン湖開発評議委員会の政策責任者計6名がそれぞれの取り組みに

湖沼関係者6人のディスカッションが行われた政策フォーラム

ついて発表し、ディスカッション。

④湖沼水環境保全に関する自治体連携設立宣言

茨城県、長野県、滋賀県、鳥取県、島根県が主体となって国内湖沼の水環境保
全で連携・協力するための自治体連携の設立を宣言。

⑤湖沼セッション（国内湖沼）

持続可能な生態系サービスをめざした国内の各湖沼の連携取り組みや展望につ
いての事例発表などをディスカッション。

⑥霞ヶ浦セッション

「霞ヶ浦の未来像について」をテーマとして、霞ヶ浦流域の主体が霞ヶ浦のさ
まざまな課題を共有し、持続可能な生態系サービスへの取り組みを討議。

⑦分科会

「生物多様性と生物資源」「淡水資源の持続的利用」「湖沼の水質と生態系機能」
「水辺地域の歴史と文化」「流域活動と物質循環」「科学的知見に基づくモニタ
リング」「生態系サービスの持続可能な利用に向けた対策・技術」「市民活動と
環境学習」「統合的湖沼流域管理（ILBM）」の9つの分科会に分かれ、国内外の
研究者、市民団体が論文や活動結果を発表、討議。ポスター発表も行われた。

⑧展示会

企業や研究機関の「科学的知見に基づくモニタリング」「持続可能な生態系
サービスに向けた対策・技術」についての先進的な実例や活動内容の展示。

海外からの参加者にも関心が高
かった展示会

⑨ワークショップ

NPO法人河北潟湖沼研究所の「日本海側汽水湖の現状と生態系機能の再生」、国際湿地保全連合南アジアの「南アジアの湖沼流域管理における問題と挑戦」など参加者が自ら企画する10のワークショップを開催。

⑩エクスカーション

霞ヶ浦、北浦、涸沼（ひぬま）、千波湖周辺の環境関連施設の現地視察。

エクスカーションでは霞ヶ浦などの環境関連施設を現地視察

⑪サテライト会場

霞ヶ浦、涸沼、千波湖に近接する5市町（土浦市、かすみがうら市、鉾田市、茨城町、水戸市）では会議前に市民団体と連動した「泳げる霞ヶ浦市民フェスティバル」（土浦市）、「帆引き船フェスタwith世界湖沼会議」（かすみがうら市）など、第17回世界湖沼会議の周知、機運醸成も兼ねた関連行事が行われ、その成果は霞ヶ浦セッションや湖沼セッション（国内湖沼）で発表された。

最終日の19日午前、会議総括で「いばらき霞ヶ浦宣言2018」が採択され、午後の閉会式で読み上げられた。宣言は「生態系サービスを衡平に享受し、次世代に引き継ぐこと」を誓った。

小学生も参加した国際会議

この会議の大きな特徴の一つに、湖沼や水環境に関する多様な分野における研究の第一人者といえる研究者や行政関係者が登壇する一方で「次世代」「未来」とい

う言葉に象徴される小中高校生や若手研究者の活躍の場が多く設けられていたことが挙げられる。

　先述の学生会議に向けては県内外の多くの学校から自分たちが生活する地域での水や湖沼に関する研究や取り組みについて応募があった。複数回の審査の結果選定された団体については学校の先生や保護者の方々のご協力もあり、事前の発表練習会では普段とは異なる環境での発表に向けて熱心な練習が行われた。その成果もあり、本番は口頭発表とポスター発表会場のいずれでも、緊張しながらも大人の研修者にも負けないくらい堂々とした発表や白熱した議論が展開された。また学生会議が日曜日であったこともあり、傍聴の申込数も想定をはるかに超え、直前に中継会場を追加したほどであった。翌日の開会式での「小学生の部」「中学生の部」「高校生の部」それぞれの代表者からの総括発表に対しては会場から大きな拍手が上がった。

　開発途上国の若手研究者には途上国支援制度（途上国から参加する発表者の中から選定された優秀論文の発表者に対し一定の旅費を支給）といばらき霞ヶ浦賞（賞状と副賞を授与）という2種類の支援制度が設けられた。この結果、今後、自国での湖沼や河川などの水環境での研究や技術開発に貢献するであろう多くの若手研究者が参加の機会を得ることができた。これらの途上国の参加者からは帰国後、日本や海外の研究者との交流や、エクスカーションでの霞ヶ浦流域における水質保全や水環境の観光や環境教育の場としての取り組みを実際に見学した経験はとても貴重で素晴らしい経験であったという感想が多く寄せられた。

　第17回世界湖沼会議（いばらき霞ヶ浦2018）開催中、その様子は「デイリーレポート」として毎日同会議のHP上で写真と併せて報告された。

　また、開催後はその内容や成果が記録写真や制作物の写真と併せて「第17回世界湖沼会議開催報告書」にまとめられ関係各所に配布され、茨城県のHPにも他の各資料とともに掲載されている[1]。

　翌年の2019年3月から4月にかけては、茨城県庁の展示コーナーにて、開催記念パネル展示が実施された。ここで展示された15枚の記念パネルはその後、「湖沼とと

1. https://www.pref.ibaraki.jp/seikatsukankyo/kantai/kosyou/wlc.html

もに生きる」をテーマに、霞ヶ浦の歴史・暮らし・生き物たち・水質・地球環境な
どさまざまな視点から構成された。それらは、地域の環境学習・研究の拠点となっ
ている茨城県霞ケ浦環境科学センターにて展示されており、同センターを訪れる県
内外の児童やその他訪問者に第17回世界湖沼会議の内容を伝えている。

政府間及び国連系国際会議の種類

元外務省職員　**大河原 護**

国際会議の分類

　国際会議を主催者及び参加者の構成から分類すると、2国間協議及び多国間協議（多国間の場で開催される2国間協議を含む）に大別される。

【2国間協議】

　2国間協議とは、1対1の国家間の関係を指し、出席者のレベルに応じて首脳級・閣僚級・高級事務レベル・事務レベルと分類する。

　日本政府と相手国政府との間で、定期協議（不定期・臨時を含む）が開催される相手国としては、昭和の時代からの枠組みとして、日米、日中、日露、日韓、日英、日加、日伊、日仏、日独等があり、日本の経済発展、国際社会進出とともに平成に入って以降、アジア地域では日印、日豪及び日ASEAN各国等、中南米では日ブラジル、日アルゼンチン、日メキシコ等、中東アフリカでは日イラン、日サウジ、日ケニア等が2国間協議の相手国に加わった。

　また、2国間協議では、外相及び防衛相が相手国の外相及び防衛相と協議する、いわゆる「2＋2（ツー・プラス・ツー）」の枠組みがある。主な「2＋2」の枠組みとしては日米、日豪、日印、日英、日仏があり、2国間の防衛問題や諸外国の防衛事情の協議に加えて、防衛装備品の共同開発分野等の協議でも注目される。

【多国間協議】

　多国間協議の枠組みとしては主として次の通りに分類される。

1　2国間協議から多国間協議に拡大（主に3カ国の組み合わせが主流）

　日中韓首脳会議、日米韓首脳会議の枠組みでは首脳級及び外相、防衛相レベル・高級事務レベル協議、日米豪協議、日印豪協議等では外相レベル及び高級事務レベ

ル協議がある。

2　テーマ（政治、経済、文化等）に応じて参加国が首脳級・閣僚級・シェルパ級
（高級事務レベル）で毎年開催することで合意されて発足した国際会議としては、
政府間協議及び地域間協議に大別される。

＜政府間協議＞

　政府間協議の枠組みとして、日本が参加している代表的枠組みとしては、G7、
G20がある。

　G7（米、英、仏、伊、独、加、日）は、ロシアを加えてG8と呼ばれた期間があっ
たが、現在はロシアが離脱してG7に戻っている。会議は、参加国政府の主催で持
ち回りで開催され、主催国を議長国という。

2019年 G7 ビアリッツ・サミット

　発足当初は議長国の首都で開催されたが、各国持ち回りの3回目頃から議長国の
地方都市（観光都市）での開催に移行している。日本では、沖縄、北海道・洞爺
湖、伊勢志摩で開催している。

　協議形態も当初は首脳級及び外相協議の枠組みだった。近年は経済及び環境・社
会問題が多様化したことを反映して、議長国の任期期間中（1年間）に、主として
首脳会議開催前に防災、環境、保健、情報通信、エネルギー、観光、教育、科学、
労働等の国内行政機関長の閣僚級会議を催している。

　また、議長国がG7のメンバー国以外の国の首脳をオブザーバーとして招待して
首脳会議を開催し、招待国首脳の意向をG7の首脳会議に反映させることも常態化

している。

　G20も持ち回り開催で、参加国が事前に手を挙げて、次回、次々回の主催を提案して参加国の承認を得て、主催国として議長を務めることが決まる。G20も発足当初は首脳級協議だったが、G7同様外相協議に加えて国内行政機関長の閣僚級協議も開催されている。

　日本は2019年、安倍晋三総理大臣が議長国として、大阪で開催した。

＜地域間協議＞

　地域間協議を、日本政府が参加している枠組みで分類すると次の通りになる。

（1）既存の地域フォーラムに日本がメンバー国として参加している主要地域間協議

　OECD（経済協力開発機構）理事会他、APEC（アジア太平洋経済協力）首脳・外相会議他、ASEM（アジア欧州会合）首脳・外相会合他、日EU定期首脳協議、OSCE（欧州安全保障協力機構）理事会他、ADB（アジア開発銀行）総会他、CoE（欧州評議会）等がある。

　第3回APEC首脳会議を大阪で、第18回APEC首脳会議を横浜で、第7回ASEM外相会合を京都で開催している。日EU首脳会議は、日本（総理官邸）と欧州本部（ブリュッセル）で隔年開催している。第50回ADB年次総会を横浜で開催している。

（2）既存の地域フォーラムに日本がオブザーバーとして参加している国際会議

　ASEANプラス3（日本、韓国、中国）は首脳級に加え、外相レベルで開催されることもある。近年総理が出席しているダボス会議もこの枠組みと言える。

（3）日本が主催国としてホスト提案[1]して、参加国の賛同を得て開催されている地

域間協議の枠組み

・TICAD（アフリカ開発会議）

　日本政府の提案でアフリカ地域の経済開発及び環境・社会問題等をテーマに、アフリカ各国首脳及び国際援助機関長等で構成される地域間協議。

　1993年、第1回会議が東京で開催される。第2回（1998年）、第3回（2003年）も東京、第4回（2008年）、第5回（2013年）は横浜で開催された。2016年の第6回は、初めてケニアのナイロビにおいて、ケニア政府と日本政府の共同議長で開催した。また、第5回までは5年に1回開催されていたが、第6回から3年に1回に短縮された。なお、ケニア政府はUNEP（国連環境計画）本部の会議会場を提供したが、日本政府が参加国のナイロビまでの移動手段等を含めてホスト国として必要な経費負担をしたことは、これまでの日本開催と同様だ。第7回は、2019年に横浜で開催された。

・日本・太平洋諸島フォーラム首脳会議（通称：太平洋・島サミット）

　日本政府の提案で太平洋島嶼諸国の経済開発及び環境・社会問題等をテーマに、太平洋島嶼諸国及び国際援助機関長等で構成される地域間協議。

　第1回（1997年）は東京、第2回（2000年）は宮崎、第3回（2003年）は沖縄、第4回（2006年）も沖縄、第5回（2009年）は北海道、第6回（2012年）は沖縄、第7回（2015年）は福島、第8回（2018年）も福島で開催された。発足時より、3年に1回、日本国内で開催されている。

・「V4＋日本」対話・協力

　Vはヴィシェグラード[2]からきており、ハンガリー、ポーランド、チェコスロバキアの3カ国が原則首脳級を年1回、外相・高級事務レベル・専門家会合を逐次開催していた地域間協議だ。1993年にチェコスロバキアがチェコ及びスロバキアに分離して、4カ国で地域間協議を開催していた。この地域間協議に日本政府を加えた枠組みを「V4＋日本」対話・協力と称する。

　これまでV4諸国の首脳を招待しての首脳会議を開いたり、V4外相会議に外相を

---

1. 日本が主催国の提案とは、常時議長国を務めること。ホスト国の提案とは、協議開催場所（会議場、プレスセンター等）の提供、ホスト国内での会議期間中の移動手段の提供に加えて、必要に応じて参加国の会議期間中の滞在費提供及び参加国と日本との間の交通移動手段を提供すること。
2. ヴィシェグラードはハンガリー北部の都市

派遣したりしている。また、高級事務レベルや専門家会合は日本から出席するのみならず、日本政府の提案でV4＋日本対話・協力の機会を提供している。

・「中央アジア＋日本」対話・外相会議

　日本がエネルギー資源の調達先の多様化等を念頭に、ウズベキスタン、キルギス、カザフスタン、トルクメニスタン、タジキスタンの中央アジア5カ国の政府間協議の枠組みに、＋日本として、高級事務レベル協議、外相会議を逐次提案して、日本国内や中央アジア5カ国の首都で開催している政府間協議の枠組みだ。

3　国際条約に基づき開催される協議で、これも主として2つに大別される。

　　＜国連の枠組みで開催される国際会議＞

（1）国連総会及び経済社会理事会（ニューヨークの国連本部開催）、人権理事会（ジュネーブの国連支部）、原子力委員会（ウィーン国連支部）に分類

　日本政府も加盟国として国連分担金を負担すると共に、総会には首脳・閣僚、経済社会理事会及び人権理事会ならびに原子力委員会には、民間有識者代表（政府代表団に任命）及び政府職員を派遣している。議題に応じて閣僚級の参加もある。

（2）国連専門機関の総会、全権会議、管理理事会他各種会合

　国連の専門機関としては、4大専門機関と呼称されるUNESCO（国連教育科学文化機関）、WHO（世界保健機関）、ILO（国際労働機関）、FAO（国連食糧農業機関）が国際社会の認知度は極めて高い。

　4大専門機関以外では、IMF（国際通貨基金）、UNIDO（国連工業開発機関）、WMO（世界気象機関）、UPU（万国郵便連合）、ITU（国際電気通信連合）等の全部で19専門機関になる。

　前記の国連本部・支部と合わせてUN（国際連合）システム、UNファミリーとも呼ばれる。

　日本政府は19すべての専門機関に加盟しており、それぞれ専門機関の活動経費を分担金として拠出している。専門機関の最高議決機関である総会・全権会議は毎年または数年に1回専門機関の本部所在地で開催することが原則になっている。

　なお、加盟国がホスト国として総会（または全権会議）の開催を誘致することを提案し、総会（または全権会議）で加盟国が承認することで、加盟国で開催される

場合もある。日本では、これまでUPU、ITUの全権会議を京都で開催している。

（3）国連総会、経済社会理事会等で設立が決定した国際機関理事国会議

・開発途上国への援助機関として設立された機関。

　UNDP（国連開発計画）、WFP（国連世界食糧計画）、UNICEF（ユニセフ／国連児童基金）、UNDCP（国連薬物統制計画）、UNEP（国連環境計画）等が代表的機関になる。

　国連本部から独立した組織になっており、それぞれの機関事務局は、土地・建物を恒久的に提供し、提案・承認されたホストカントリーに存在する。

　事務局の運営経費及び活動経費は加盟国の拠出金で賄われている。UNDP、UNICEF等はドナー国及び援助国の両方に地域事務所を開設している。

　日本は各種援助機関には毎年任意拠出金としてODA（政府開発援助）拠出をするとともに、それぞれの機関の最高議決会議である理事国会議に政府代表団を派遣している。派遣レベルはUNEPの理事国会議には毎年環境相が代表として出席しているが、他のUNDP他の理事国会議には毎年行政機関の局長クラスを代表として派遣している。

・地球規模の社会問題に対応するため、国連組織内の枠組みの中に設立された機関

①各種10年事務局（防災、障害者、婦人等）

　10年事務局では、10年に1回国連が主催する防災、障害者、婦人等の国連会議（世界会議と称することもある）を、加盟国をホスト国として開催しているが、ホスト国がない場合は国連本部やジュネーブの国連支部で開催している。

　防災の会議については、自然災害大国である日本が第1回国連防災世界会議を横浜でホスト国として開催した。第2回国連防災世界会議は2005年、阪神・淡路大震災の被災地、神戸市で開催された。ちなみに2007年には、UNSIDR（国連国際防災戦略事務局、現UNDRR［国際防災機関］）の駐日事務所が開設された。2015年には、東日本大震災の被災地である仙台市で、第3回国連防災世界会議をホスト国として開催した。

②地域紛争解決のため国連軍を派遣するための各種PKO（国連平和維持活動）の枠組み

　PKOは現在20を超える枠組みがあり、活動内容、活動経費の規模は国連総会会

期中の委員会の中で協議され、日本政府も代表団を派遣して協議に参加している。日本政府は分担金として活動経費を国連分担率に応じて負担するとともに、教官、共同訓練等の目的で自衛隊員を維持軍に派遣している。

③国連の研究機関として設立された国連大学本部（東京）

　日本がホストカントリーとして誘致した国連大学本部は、国連本部外に設立された数少ない機関の一つだ。

　日本政府（文部科学省及び東京都）がホスト国として誘致を国連総会で提案し設立が採択された国連機関だ。青山の国連大学本部の敷地は、東京都が無償提供し、建物の建設・維持費及び本部の活動経費は外務省と文科省が任意拠出金で折半負担している。

＜国際条約に基づき、条約を批准した国が加盟国になって、最高議決機関として締約国会議等を開催＞

　国連メカニズムに含められる条約とそれ以外に大別される。

　（1）条約交渉会議の主催が国連（国連環境サミット、通常「リオサミット」で条約の交渉を開始することが採択された条約）であり、国連加盟国が条約交渉を行い採択された条約

　代表的な条約としては気候変動枠組条約、砂漠化対処条約がある。これらの条約事務局は、ホストカントリーになることを提案した国に存在する。条約事務局の運営・活動費は締約国の分担で賄われる。

　また、条約を政策的に実行する枠組みとして別途議定書を採択し、新たに議定書事務局を設立する必要がある（実際は、条約事務局が議定書事務局を兼ねることになる）。したがって、国連の枠組み条約は条約締結会議（及び事務局）及び議定書締約国会議（及び事務局）が開催されることになる。

　日本政府は、気候変動枠組み条約第3回締約国会議で同条約の議定書が採択される見通しであることから、日本で最初の日本の都市名を冠した国際条約の採択を見越して誘致決定した。

　締約国会議は通常COP（コップ/Conference of the Parties）と呼称されるが、気候変動枠組み条約第3回締約国会議（COP3）が、1997年12月に京都で開催され、コップといえば誰もがCOP3のことを指すようになった。日本政府は、1992年に京

都でCOP8（ワシントン条約第8回締約国会議）、1993年に釧路でCOP5（ラムサール条約第5回締約国会議）を開催している。しかし、これらの締約国会議はマスコミの関心も薄く、コップ（COP）の名称はほとんど紙面やテレビ等に取り上げられなかった。

　コップといえば「COP3」と呼ばれるほどになった要因は次の通りと考えられる。

　▽COP3で議定書が採択されれば、京都議定書として初の日本都市名を冠した国際条約となることから、マスメディアがその点を含めて、COP3の会議前及び会議期間中に連日報道したため、コップは気候変動枠組み条約締約国会議のみの呼称として錯覚され、メディアを含めて国民に定着したため。

　▽本会議、公式記者会見は国連公用語で行われ、世界にリアルタイムで配信され、世界中が日本で開催されるCOP3の行方に関心が注がれる中で、日本政府は本会議・公式記者会見に日英同時通訳を介して、マスメディア配信したことから、マスメディアが映像・音声（日本語）のリアルタイム受信・配信（朝昼晩のニュース番組や朝夕の紙面上）することが可能になり、毎日COP3の言葉が躍る環境を整えたことにより国内中に名称が定着した。

　日本でCOP3以降にも首脳級を含めて数多くの国際会議が開かれているが、本会議や主催者記者会見がリアルタイムで日本語の同時通訳付きで配信（公表）された国際会議は実現していない。

　▽議定書採択が紛糾し、最終日から約30時間（延べ約38時間）の会期延長になったが、その間も映像が途切れることなく配信され、各国政府代表団や条約事務局・

2010年に名古屋市で開催された生物多様性条約（CBD）第10回締約国会議（COP10）

国連スタッフが不眠不休で条約交渉会議を継続する姿が感動を与えたためと推察される。

（2）国連ファミリーに属さない国際条約締約国会議

・ラムサール条約（水鳥の湿地保全条約）締約国会議

　日本は、1993年に第4回ラムサール条約締約国会議を釧路でホスト国開催した。会議開催以降ラムサール条約に登録された我が国の湿地も増加し、地方自治体の湿地保全対策も飛躍的に推進された。

・ワシントン条約（野生動植物保護のための国際条約）締約国会議

　日本は1992年に第8回ワシントン条約締約国会議を京都でホスト開催した。日本は象牙やタイマイ・べっ甲の密輸国として悪名が高かったが、本会議開催以降は密輸入は減少し、またアフリカゾウ、インドゾウの保護政策への資金援助やタイマイやべっ甲の原料となるカメやワニの現地養殖に取り組むことになった。

・南極条約締約国会議（南極条約発効後の名称）

　日本は、南極条約が発効する前の協議国間での持ち回り開催の中で、1970年に第6回南極条約協議国会議を東京で開催し、第18回南極条約協議国会議を京都で開催している。

　上記以外に、バーゼル条約、ウィーン条約、ロッテルダム条約等環境問題を協議する条約は多数存在し、日本も加盟して事務局活動経費を分担し、締約国会議に代表団を派遣しているが、日本で締約国会議を開催していないので割愛する。

国際会議の主催開催とホスト国の役割

　2国間協議や多国間の政府間協議や多国間の地域間協議の枠組みで開催される首脳級・閣僚級協議は、主催国とホスト国は基本的に同一国となる。

　他方、国連の会議は、国連本・支部で開催される場合は、国連が主催兼ホスト者になる。国連本支部以外で開催する場合は、当該会議の誘致加盟国がホスト国となり、国連は会議の主催者になる。

　主催国とは、当該会議の議長を務め、会議の議事進行を行い、議題に応じた取りまとめ責任を有し、代表記者会見を開く。

　ホスト国とは、会議会場、記者会見場、メディアセンターなどを無償提供し、各

会場の警備や会場間の移動手段を提供する国を指す。

政府間協議と国連協議のホスト国としての相違

政府間協議（2国間・多国間）では、参加国は参加国の負担でホスト国を往来するが、国連協議では途上国加盟国の移動経費及び滞在経費をホスト国が負担する。

政府間協議では前例はあるものの、宿泊施設、会議会場、移動手段、警備、広報等をホスト国の任意で決定できる。

国連協議では、国連とホスト国の間で会議開催の協定を結び、国連本部や条約事務局本部で開催するのと同様の会議会場やサポートスタッフを提供することになる。

国連の会議場と同じ運営をするためには、国連の会議サービス職員約70人（国連公用語の同時通訳者、同翻訳者、警備員等）程度及び当該事務局（10年事務局、条約事務局等）職員のホスト国への移動経費及び滞在経費の負担及び提供する会議場等をそれぞれの事務局本部で開催するのと同様の施設を提供する。

主として、本会議・記者会見で国連公用語6カ国の同時通訳設備の提供、会議場入口を警備するための金属探知機の提供、24時間体制で会議資料の印刷体制の提供等がある。

G7伊勢志摩サミット概要

G7サミットとは、日本、アメリカ、イギリス、フランス、イタリア、ドイツ、カナダの7カ国の首脳及び欧州理事会議長及び欧州委員会委員長が参加して毎年開催される首脳会議であり、世界的にさまざまな課題について自由闊達な意見交換をする場である。

サミットは、英語で「山の頂上」を意味し、7カ国の首脳が集まることから「G7サミット（Group of Sevenの略）」と呼ばれている。1975年にフランス・ランブイエにて第1回サミットが開催され、その後は毎年各国持ち回りで担当し、開催地国はサミットに向けた準備会合（シェルパ会合など）や関連閣僚会合の準備及び議事進行を行う。1998年のバーミンガムサミット（イギリス）からはロシアが加わりG8サミットであったが、2013年のロック・アーンサミット（イギリス）を最後にロシアが離脱しG7サミットに戻っている。

日本では、1979年東京、1986年東京、1993年東京、2000年沖縄、2008年北海道に続き、6回目となった2016年は三重県伊勢志摩にて開催。合わせて10の関連閣僚会合も開催された。2日間にわたる伊勢志摩サミットでは、①G7の価値・結束②世界経済、貿易③政治・外交④気候変動・エネルギーをテーマに議論し、「G7伊勢志摩首脳宣言」をはじめとした成果文書を発出した。また、「アジアの安定と繁栄」をテーマに、「質の高いインフラ投資」「開かれ、安定した海洋」についてアウトリーチ国[1]を交えての議論を実施。国連が「持続可能な開発のための2030アジェンダ（SDGs）」を採択した後初めてのG7サミットでもあったため、「国際保健」「女性の活躍」に焦点を当てつつ、SDGsの推進及びアフリカの開発について議論を行った。

通訳も、通常のG7言語（英語・仏語・独語・伊語・日本語）の他、アウトリーチ国言語であるインドネシア語、シンハラ語、ベトナム語、ラオス語を加え、総勢20人を超すトップ通訳者を世界中より集め各議論のサポートを実施した。

---

1. G7の7カ国と欧州連合（EU）以外でG7サミットに招かれる国。

名　　称：G7伊勢志摩サミット

会　　期：2016年5月26日〜27日

開催地：三重県伊勢志摩

参加国：G7メンバー国：日本（議長）、アメリカ、フランス、ドイツ、イギリス、イタリア、カナダ、EU（欧州連合）。アウトリーチ国：チャド、インドネシア、スリランカ、バングラデシュ、パプアニューギニア、ベトナム、ラオス、UN、IMF、WB（世界銀行）、OECD、ADB

主要議題：G7の価値・結束、世界経済、貿易、政治・外交、気候変動、エネルギー、アジアの安定と繁栄、開発、アフリカ

関連会合	開催日	開催地
外務大臣会合	4月10日〜11日	広島県広島市
農業大臣会合	4月23日〜24日	新潟県新潟市
情報通信大臣会合	4月29日〜30日	香川県高松市
エネルギー大臣会合	5月 1日〜 2日	福岡県北九州市
教育大臣会合	5月14日〜15日	岡山県倉敷市
環境大臣会合	5月15日〜16日	富山県富山市
科学技術大臣会合	5月15日〜17日	茨城県つくば市
財務大臣・中央銀行総裁会議	5月20日〜21日	宮城県仙台市
保健大臣会合	9月11日〜12日	兵庫県神戸市
交通大臣会合	9月23日〜25日	長野県軽井沢町

国際会議の誘致事例

特定非営利活動法人日本高血圧学会（JSH：The Japanese Society of Hypertension）は2016年、他国との激しい競争を制し、2022年の第29回国際高血圧学会（ISH2022：29th Scientific Meeting of the International Society of Hypertension）の京都開催を勝ち取った。誘致成功までの約1年間の道のりを紹介する。

立候補の表明

2015年10月、国際高血圧学会（ISH：International Society of Hypertension）本部より、JSHに対しISH2022開催に向けた立候補の案内があった。JSHは直ちに理事会で日本誘致を審議・決定し、ISH本部に対し正式に立候補を表明した。

JSH理事会での予算承認を受け、2015年12月には国際高血圧学会日本開催誘致ワーキンググループ（WG／委員長・伊藤裕　慶應義塾大学医学部腎臓内分泌代謝内科教授）が設置された。学会員の中から9人の精鋭メンバーが選出され、ビッドペーパー[1]の提出（2016年3月）、誘致プレゼンテーション（2016年9月）に向けた具体的な検討が開始された。

WGはまず、ISH本部が提示する誘致条件や開催要項等の資料（RFP：Request for Proposal）から条件を精査し、SWOT分析を徹底的に行った。過去の誘致事例、競合国の状況をはじめ、開催地決定の投票権を持つISH役員の経歴、研究分野、来日歴、趣味に至るまであらゆる情報を調査した。また、ISH2022の開催要件を満たす都市として、京都市を開催地と定め候補会場の選定を進めた。

さらに、大会テーマを「智〜 The Wisdom for Conquering Hypertension」とし、訪日外国人の人気ナンバーワン観光地である「伏見稲荷」の千本鳥居を大会のキービジュアルに採用した。

関連団体への協力依頼

誘致に向けて関連団体へ誘致への協力を仰ぎ、サポートレターを要請した。最終

---

1. 開催提案書（開催趣旨・特色、資金基盤、開催都市紹介、開催委員会の組織、後援団体などをまとめたもの）

的には、厚生労働大臣、観光庁長官、日本政府観光局（JNTO）理事長、京都府知事、京都市長といった官公庁・自治体の長をはじめ、16の国内の医療関連団体、3つの国際医療関連団体からサポートレターを受け取り、国内外からの幅広い支援を得た。

ビッドペーパーの作成

　条件の分析や調査と並行し、ビッドペーパーの作成にも着手した。内容及び構成の整理・検討を行い、委員が文章を作成し、PCOが全体の取りまとめを行った。

　ビッドペーパーは、▽開催表明▽日本及び京都市での開催の意義▽ホストとなるJSHの実績▽収支予算計画▽暫定プログラム▽会場までのアクセスや会場使用計画▽主催団体及び関連団体の体制▽サポートレターからなる構成とし、開催必要条件を満たしていることを明記するとともに、ISHのミッションや各ISH役員の考え方を徹底的に分析し、できるだけISHの活動方針に沿った提案となるよう検討を重ねた。

　また、デザイナーやコピーライターもチームに加え、デザインや写真だけでなく、図表を吟味するとともに、見出しや言い回し等細部に至るまで推敲を重ね、より訴求力を高めたビッドペーパーを創り上げた。2016年3月の締切間際まで修正を繰り返しISH本部へ提出した。

　以下にビッドペーパー作成の際のポイントを紹介する。

開催表明

　ISH2022誘致委員長及び日本高血圧学会理事長挨拶文、ISH2022大会テーマに加え、①開催意義（総合医学としての高血圧学の重要性）②智の集積地としての京都の魅力③ISHへのJSHの貢献、を強調し、これらをI、S、Hの頭文字と連動した標語で表現した。また、発展途上国への高血圧治療の啓発、ISII会員数増加促進、若手研究者育成に繋げるための施策を具体的に記載し、誘致・開催の熱意を伝えた。

日本及び京都市での開催の意義

　文化都市としての魅力だけでなく、先端医療機器メーカーや研究施設が集結した、高血圧学に関連深い都市としての京都の一面を紹介した。

ホストとなるJSHの実績

　JSHが開催ホストとしてふさわしい組織であることを示すため、過去2回のISH開

催実績（第12回会議：1988年京都、第21回会議：2006年福岡）だけでなく、インパクトファクター（Impact factor：文献引用影響率）の高い学会英文誌の発行、高血圧治療ガイドラインの施行、海外の高血圧学会との連携、JSH会員のISHへの入会率や投稿数等を、数値とグラフで具体的に表した。

収支予算計画

　協賛獲得計画、行政や団体からの助成金等の紹介をするとともに、他国と比べ健全な収支計画をアピールした。

　また、参加費の設定等で発展途上国からの参加者を増やす施策をアピールするとともにトラベルグラントの予算も最大限に取り、若手医師・研究者に参加の機会を提供することを示した。

暫定プログラム

　最先端の高血圧学、高血圧コントロール法、国際協力としての高血圧学、SHR（Spontaneously Hypertensive Rat: 高血圧自然発症ラット）関連シンポジウム、京都医療メーカーの最新デバイス見学ツアー、iPS細胞（induced Pluripotent Stem Cell）研究関連施設の視察等、参加者に有益なプログラムを企画し、日本、特に京都ならではのプログラムを提案した。

会場までのアクセスや会場使用計画

　イラスト入りの地図や写真を多用し、次の4点を集中的にアピールした。

1. 会場近くでの宿泊場所の確保
2. アクセスの良さ
3. 治安の良さ
4. 世界遺産に囲まれた文化的な地であり、同伴者にも魅力的な環境

Hypertension Summitと現地視察

　2016年5月30日から6月1日にかけて開催候補地京都にてHypertension Summitを開催し、ISH役員の参加を呼び掛けた。開催決定から4カ月と短期間での実施だったが、ISH役員26人中18人、若手委員1人の計19人の参加があった。日本からもJSHの役員・名誉会員・国際交流委員・WGメンバーが出席し、総勢100人近くの会議となった。

Hypertension Summitでは、ISH役員との交流を通してISHの活動方針等への理解を深めることができただけでなく、JSH役員らの発表を通して、JSHの取り組み、日本の学術的なレベルの高さとともにISH2022開催への意気込みをアピールできた。若手医師によるポスター発表もISH役員の好印象を得るとともに、企業展示では日本の先端技術力の高さを印象付けた。

また、会期中にISH理事長が名誉ある賞を受賞したという情報を得、急きょサプライズ祝賀イベントを企画した。

最終日は、候補会場として検討していた会場視察を行った。ISH役員からの意見を参考に最終的に会場候補を「国立京都国際会館」に絞ることができたのは大きな成果であった。

滞在中には、京都の街を一望できる将軍塚青龍殿等への観光を交えつつ、京都大学のiPS細胞研究所付近及び高血圧学に縁のあるSHR誕生記念碑等を案内し、JSHや京都の魅力を堪能する機会も設けた。

さらに、ISH役員のホテルチェックイン時のウェルカムアイテムとして、ビッドペーパーの冊子と記念品を部屋に用意した。実際に印刷したビッドペーパーを見ていただくことで、日本の誘致ポイントについて強く印象付けることができた。また、JSHの参加者は親交あるISH役員との交流を深める等、パーソナルなコミュニケーションができる環境が創出できたのもよかったと思われる。

誘致活動あの手この手

誘致グッズの活用：大会キービジュアルである伏見稲荷の千本鳥居をモチーフとしたピンバッジ、ポストカード、クリアファイル等のオリジナルグッズを作成した。ピンバッジは誘致関係者が他の学会やシンポジウムに参加する際等広報可能なあらゆる機会に身に着け、アピールした。また、JNTOや京都文化交流コンベンションビューロー提供のギブアウェイも人気が高かった。

ロビー活動：ESH（欧州高血圧学会）やアメリカ高血圧学会議等、関連の国際学会では、JSH会員が誘致グッズの配布やキーパーソンへのロビー活動を行った。特に、ISH役員が多く出席するESH（2016年6月10日〜13日、パリ）では、JSH事務局やPCOスタッフも同行しHypertension Summitに来日・視察がかなわなかったISH理

事へアプローチした。

国際活動の強化：ISH2022誘致決定直前に行われた2016年のソウル大会（ISH2016：Hypertension Seoul 2016）では、JSH会員の演題投稿を促進した結果、開催国韓国に次ぐ238の演題が投稿された。また、ISHの会員数の拡大を促進し、ISHへの貢献と国際化をアピールした。

時間の有効活用：ビッドペーパー提出からプレゼンまで約6カ月の時間が空くことから、キービジュアルの伏見稲荷の千本鳥居を模した立体グリーティングカードを手作りし、JSH理事全員のサインを直筆で入れ、ISH役員全員へ送付した。またJSHの活動内容やHypertension Summitでの京都宣言、候補会場に決定した国立京

大会ビジュアルをモチーフにしたオリジナルグッズ

新たな情報を加えたビッドペーパーダイジェスト版など送付物一式

都国際会館の情報を追記したビッドペーパーのダイジェスト版パンフレットを併せて送付した。さらに、Hypertension Summitに参加したISH役員には個別の写真をまとめた記念アルバムを贈呈した。

プレゼンテーションの準備

　誘致プレゼンテーションは、梅村敏JSH理事長、伊藤裕ISH2022誘致委員長が行った。プレゼンテーションの時間は10分しかないため、内容や構成、アニメーションの順番等を吟味するとともに、スピーチ原稿の推敲を重ねた。また、すでに提出していたビッドペーパーを全面的に見直し、掲載情報やデータの更新、情報の拡充を行った。また、インパクトのあるキャッチコピーを用い、図表やビジュアルも多用した。さらに、当時懸念されていた福島の原子力発電所の事故による放射能の影響や地震等の災害に関する質問があることも想定し、関連データも追加した。

　また、伊藤誘致委員長がJNTOのMICEアンバサダーとして承認されたため、観光庁の助成制度を利用し、外国人のネイティブ講師による英語プレゼンテーション指導を受けた。プロによる客観的なチェックを受けることで、冗長な言い回しが、短く、より効果的な表現に磨かれ、10分でも真意と熱意が伝わる原稿となった。

プロモーションビデオの制作

　プレゼンテーションの効果をさらに高めるため、オープニングとクロージングには動画を用いることにし、JNTOの京都紹介動画にHypertension Summitの集合写

Hypertension Summit終了後に、参加者全員で龍安寺を訪れた際の写真を、プレゼンテーション冒頭の動画に盛り込んだ。

真や京都宣言の動画を組み込んだ1分間のビデオを制作し、オープニングアテンション動画とした。

　またJNTO長官、京都府知事、京都市長からの熱意溢れるメッセージ動画を最後に組み込み、国全体が京都開催をサポートしている印象を強く残すよう工夫した。

プレゼンテーション直前の活動

　プレゼンテーションは、第26回国際高血圧学会（2016年9月24日〜29日：ソウル）期間中の25日に開かれたISHカウンシルメンバー会議で行われた。プレゼンテーションの前日には関係者が現地に集まり、プレゼンテーション会場の確認や最終の情報収集を行い、最後のリハーサルを行った。競合国の動向にも細心の注意を払い、直前まで戦略会議を続けるとともに、プレゼンテーション当日は、誘致委員が和服姿で最後のPR活動を行った。

　プレゼンテーションはアルゼンチン、ドバイ、日本、南アフリカの順で行われ、梅村理事長の挨拶、オープニング動画、JSH活動紹介の後、伊藤誘致委員長がISH2022の具体的な運営方法、予算、プログラム、会場等を説明した。

　南アフリカのプレゼンテーション終了後、休憩で会場から出てきたISH理事長が、会場の外で待機していた伊藤誘致委員長へ声をかけた。「Congratulations!」。勝利を確信した瞬間であった。

プレゼンテーション後、ISH理事長（右）から
「Congratulations！」と声をかけられる瞬間。

誘致成功の要因

　有力競合国が多い中での誘致成功の要因は以下によるところが大きいと思われる。

1 誘致委員長をはじめとするWGメンバーの熱意

2 JSHの組織的な誘致活動（ISHメンバーとの個人的な繋がり等を活用）

3 冷静な票読みに基づく綿密かつ多様なロビー活動

4 ALL JAPANの協力体制（PCO、JNTO、コンベンションビューロー、国立京都国際会館等）

誘致・会議の概要

　会議名称：

　　第29回国際高血圧学会

　　29th Scientific Meeting of the International Society of Hypertension

　　（ISH2022）

　誘致主催団体：特定非営利活動法人日本高血圧学会（JSH）

　参加者数：約4,500人（海外2,000人／国内2,500人）

　参加国・地域数：約80カ国・地域

　開催日程：2022年10月12日〜16日の間で5日間

　会場：国立京都国際会館

　開催地決定方法：2016年9月24日〜29日に韓国・ソウルで開催の第26回国際高血圧学会にて各候補地の開催予定団体によるプレゼンテーションを経て決定（立候補国・都市：日本・京都、アルゼンチン・ブエノスアイレス、南アフリカ・ケープタウン、アラブ首長国連邦・ドバイ）。

わたしにとっての国際学会誘致活動—情熱とリスペクトの輪を生んだ一大イベント

慶應義塾大学医学部腎臓内分泌代謝内科 教授
ISH2022KYOTO 誘致委員会委員長／開催実行委員長
前日本高血圧学会理事長、現理事　　　　　　　　　　　　　　　　伊藤　裕

　第29回国際高血圧学会（ISH2022KYOTO）の日本誘致活動の1年間は、私にとって生涯忘れることのできない貴重なものでした。誘致活動は、結果が出なければ意味がないわけですが、私にはその過程そのものが、一大イベントでした。

　2015年末に、我々日本高血圧学会（JSH）がISH誘致に手上げすることが決定してから9月の誘致選考委員会でのプレゼンテーションと、息つく暇なく、過度の緊張の中、「いまできることはすべてやる」という私の信条を遺憾なく発揮できました。短期間での勝負であったから、最初からフルスロットルで走れたのかもしれません。誘致委員会のメンバーがそれぞれ知恵を出し合い、ためらわずそれを実行していくなかで、スパイラルに盛り上がっていきました。それがなされたのは、誘致委員会メンバー各自の情熱とともに、PCOをはじめとするプロ意識を持った人たちの、わたしの想定をはるかに超えるパフォーマンスがあったからです。結果として大変エキサイティングでそして楽しい活動になりました。

　勝ち取ったISH2022KYOTO開催まであと2年、予想もしなかったコロナ禍に見舞われ、その開催には未知数のことが多々ありますが、今回の活動で培われたワンチームの情熱で本番に向かって突き進みたいと思います。

　Hypertension Summitそして誘致選考でのプレゼンを通じて、私たちはJSHとISHの深い絆を得ることができました。私は今、ISHの理事も務めておりますが、コロナ禍でISH2022はどうなるかなあと、私がISHの理事の前で弱音を吐くと、彼らは、「Hiroshiなら大丈夫！」とたっぷり、プレッシャーの込められた、励まし（？）の言葉をかけてくれます。それほど誘致活動は、JSHに対するリスペクトを生みました。MICEは、誘致活動も含め、新たな人と人との結びつき、情熱、リスペクトを創り出す素晴らしい業種であると思います。

企業主催のミーティング・シンポジウム事例

　医療用医薬品のプロモーションには、製品の特性上、自主規範や法的規制がある。製薬企業がプロモーション活動を行うにあたり、行動基準を示したものが「医療用医薬品プロモーションコード」[1]である。製薬企業の講演会や展示会の運営にあたっては、これを理解・順守しなければならない。

　製薬企業におけるプロモーションの基本戦略は、「D to D（ドクター・ツー・ドクター）コミュニケーション」と呼ばれ、医師から医師へのコミュニケーションを通じて製品のレピュテーション（認知度・評価）を高め、製品の採用意向を高めることをめざす。

　この2点がイベントプロモーションを立案するにあたって考慮すべき重要なポイントとなっている。

講演会のターゲットは処方医

　医師の中でも専門領域で実績があり影響力のある医師を、KOL（Key Opinion Leader：キーオピニオンリーダー）と呼んでいる。製薬企業はこのKOLを通じて製品の市場浸透をめざす戦略をとっている。そのもっとも有効な手段とされているのが、処方医を集めてKOLが行うシンポジウム・フォーラム・セミナーなどの講演会である。

　製品効能の最新の情報や有用性・有効性を処方医向けに広く知らせる場であるとともに、処方医と製薬企業のMR（医療情報担当者）の間のコミュニケーションの場としても重要な役割を担っている。

主催講演会

　製薬企業の講演会には、自社で主催する「主催講演会」と、医学系学会と共催する「共催講演会」がある。医学系学会には展示会が付設されることが多い。

　「主催講演会」には、主に新薬発売時に全国の医師を集めて開催される新薬発売記

---

　1. 製薬企業の講演会開催のルールについては公正取引委員会が基準を定めている。
　　http://www.iyakuhin-koutorikyo.org/?action_download=true&kiji_type=1&file_type=2&file_id=1571

念講演会と定期的に開催される講演会がある。

　新薬発売記念講演会は、製薬企業が実施する講演会の中でも特に注力されている。新製品上市のタイミングで全国の当該領域の医師を、東京などの大都市の会場に集めて開催されることが多く、大型新薬の発売時には1,000人を超える大規模な講演会もある。最近では、大都市で開催した後に地方都市でも開催することで、広範囲の医師に新薬に関する情報を周知する方法が定着しつつある。

　定期的に開催される講演会は、主力製品の顧客を維持・拡大するため、発売1周年や、既存の薬剤の適用拡大のタイミングで開催される。

　主催講演会の開催においては、会場選定も重要なポイントとなる。会場となるホテルのランク、全国から集まる医師・メディカルスタッフの交通の利便性、宴会場の規模・仕様などを総合的に検証し、決定される。

　会場装飾・演出は、企業や製品のブランドイメージに沿って検討され、造作・映像・音響・照明だけでなく、ユニフォームからスタッフの立ち位置まで総合的にコーディネートされる。受付では香りや音にてお出迎えの演出をすることもある。製薬企業のイベントを担当する運営者には、ブランドイメージの構築から、舞台演出、招聘者の接遇、交通・宿泊手配まで、イベントマーケティングのすべてにおいて「特別感」が要求されるのである。

学会共催講演会

「学会共催講演会（共催セミナー）」は医学系学会において学会と共同で開催するセミナーである。医学系学会にはがんや糖尿病、消化器病など同じ医学領域の専門医が一堂に集まるため、絞られたターゲットに向け領域に特化した製品を紹介できる有効な場となる。

　共催セミナーは学術集会の一環として開催されるため、過度に演出することはできないが、製薬企業にとっては、医師との重要なコミュニケーションの場であり、専門分野で情報を提供できる最良の機会となっている。

医学系学会付設展示会

　前述のように、医学系学会には付設展示場が設けられており、製薬企業は、

MICEのM（ミーティング）とE（展示会）を同時に実施することができる。

　展示会は、マーケティング戦略に基づいて製品の特長を実物を見せながらアピールできる場である。各企業が、ブランドカラーや製品イメージを前面に押し出したブースを造作し、工夫を凝らしたおもてなしの演出を競い合っている。また、アンケートを実施し、来場者へのホスピタリティの一環として飲み物を提供するコーナーを設けているブースもある。

　また、製薬企業は、昨今注目されているDX（デジタルトランスフォーメーション）にも積極的に取り組んでおり、例えば、VRを使った製品説明を会場で行っている企業もある。

ウェブ講演会、ハイブリッド講演会

　2020年のコロナ禍以降、政府や自治体によるイベント規制・自粛の影響を受けて、さまざまな業種でオンライン配信による「ウェブ講演会」が増加している。「ウェブ講演会」の配信形式には、ライブ配信とオンデマンド配信がある。

　ライブ配信は、演者が一カ所に集まって配信することが基本であるが、状況によっては演者全員がリモート参加となることもある。中には脆弱な通信環境から配信する演者がいて、通信障害が発生する可能性もあるため、実施にあたっては細心の準備が必要となる。

　オンデマンド配信は、事前に収録した動画をインターネット上で期間中いつでも閲覧できるようにするものである。ライブ配信時に収録したコンテンツをオンデマ

ハイブリッド開催時のリモート収録/ライブ配信基地

ンドで配信することもできる。

　また、リアル会場とオンラインの両方で開催する形式の「ハイブリッド講演会」も増えている。リアル会場では、消毒、体温測定、マスク着用の義務付け、ソーシャルディスタンスを意識した会場レイアウト、非接触の受付、会場の席数制限など新たな運営形態やオペレーション方法の変更が求められる。ウェブ配信においては、前述の注意点に留意しながら進める必要がある。

　最近では演者も参加者もオンライン上でのコミュニケーションに慣れてきて抵抗感も少なくなっているため、「ハイブリッド講演会」はコロナ禍が終息した後にも医学系会議の主要な形式として定着することが予想されている。

　講演会だけでなく、医学系学会の付設展示会も「ハイブリッド型」になり、インターネット上では「バーチャル展示会」が登場している。リアルの展示会の魅力はFace to Faceのコミュニケーションができることにあるが、バーチャル展示会では、参加者とのオンライン上の接点をどのようにつくるかがポイントとなる。ブースの中に入ると、映像の視聴や、資料のダウンロード、アポイントメントができる3Dのバーチャル展示会場も登場している。

　今後イベント運営担当者は、リアル会議・展示会の運営ノウハウだけでなく、ITシステムや最新の配信テクノロジーにもアンテナを張り、常に新しいツールやサービスを追求していくことが求められるだろう。

　これらオンライン上のコミュニケーションにおいても大事なことは、やはり「感謝とおもてなしの心」である。時代とともに形態が変わっても、イベント=MICEは人と人とのコミュニケーションの手段であり、リアルであっても、オンラインであっても原点は変わらない。

インセンティブとは何か

Business Events Advisor
森本 福夫

企業目標達成のため

なぜ「Incentive（インセンティブ）」か。人間には、名誉欲、金銭欲、物欲などいろいろな欲望がある。ここに注目して従業員を動かそうとするのが企業だ。欲望すなわち「手に入れたいもの」を従業員に報奨（インセンティブ）として提示して、やる気を起こさせる。コンテスト形式で上位者ほど報奨を多く得られるようにして競わせることで成果を引き出し、売上を伸ばすといった企業目標を達成する、というわけだ。インセンティブとは「人に行動を起こさせるための動機付け」の手段である。多用されるのは主に販売（セールス）の分野だ。

インセンティブは訴求力のあるものでなければ意味がない。大別すると①現金②物③旅行④その他（有給休暇、自己啓発セミナーへの参加など）の4つだが、このうち、動機付けにもっとも有効なのが③の旅行、「Incentive Travel（インセンティブ旅行）」である。

アメリカ・イリノイ州にSITE（Society for Incentive Travel Excellence）という組織がある。1973年に設立され、インセンティブ旅行を報奨とする企業、旅行会社、ホテル、客船会社、販売促進企画会社、コンベンションビューローなどが加盟しており、現在世界84カ国に2,000人の会員がいる。ホームページには「経験上、インセンティブ旅行が"効く"ことを知っているプロたちが会員である」と書かれている。SITEのインセンティブ旅行の定義は「世界共通のマネジメントツール」だ。旅行では特別な経験ができるようなプログラムを用意する。より高い成果を挙げてもらうため、また実際に挙げた人たちに報いるためのものだ。インセンティブ旅行は目的ではなく手段なのだ。

観光旅行との違い

インセンティブ旅行と普通の観光旅行との大きな違いは、前者には各種の特別なイベントが盛り込まれていることだ。セールスコンテストの始まりから旅行中、そして帰国後のフォローまですべて「特別」であることが求められる。「特別」のイメージを描いてもらうため、海外企業の日本へのインセンティブ旅行の流れに沿って見てみよう。

参加者は空港に集合後、飛行機に乗り込み座席に向かうと、ヘッドレストのカバーには今回の旅行のための特別なロゴが、シートポケットのメニューには金字で自分の名前が印刷されている。チャーター機ではファッションショー、スクリーンを用いてのビンゴ大会などさまざまなイベントを楽しんでいるうちに時間を忘れ、目的地に到着。空港のロビーでは「歓迎」のバナー掲示にちんどん屋のお出迎えだ。ヘッドレストと同じロゴがボディに描かれたバスにレッドカーペットを踏みしめ乗り込むと、ウエイターがおしぼりとシャンパンをサービスしてくれる。

パトカーの先導で出発！ 気分はVIPだ。数分後、車内のTVスクリーンにスタジオのアナウンサーが大写しになり、＜Japan TV Breaking News 先ほど大型インセンティブグループがチャーター機で来日しました……＞とアナウンスが流れ始める。バス前方に止まっているミニバンが故障しているようだ。ミニバンから出てきた運転手が「民謡歌手が同乗しているが、公演に間に合わない。乗せていただけないか」。もちろんOK。バスに乗ってきた歌手が数曲披露すると拍手喝采。もちろん、これはあらかじめ用意された"Wow！"な出来事だ。

ホテルに到着。受付デスクは、参加者の目標達成度別に「ダイヤモンド」「プラチナ」「ゴールド」に分かれている。上級者に特別感を抱いてもらう配慮だ。部屋のベッドの上には浴衣と社長からのウェルカムメッセージ。ノックの音にドアを開けると、忍者参上。うやうやしく差し出された巻物は今夜のウェルカムパーティーの招待状だった――これらはほんのさわり。続くウェルカムパーティー、表彰式、ガラディナーでもさらなる特別なプログラム、おもてなしが待っている。

インセンティブ旅行が月並みの観光旅行と同じであれば、従業員は次のセールスコンテストで頑張る意欲を失ってしまう。

ホテルの部屋でくつろいでいると、忍者がウェルカムディナーの招待状を持って参上

インセンティブ旅行に、欠かせないもの

インセンティブ旅行でのみよく行われるもの、インセンティブ旅行に欠かせないものをまとめた。

インセンティブサービス：観光旅行では提供されない「Hospitality Service（おもてなし）」が帰国の途に就くまで毎日のように手を替え品を替え続く。毎晩ホテルの部屋に戻るとベッドの上に置かれているロゴ入りの洒落たデザインの小物のような「Daily Room Drop」が典型。これらを総称してインセンティブサービスと私は呼んでいる。きめ細かいプログラムがインセンティブイベントプランナーの腕の見せどころであり、旅行の主催者がインセンティブイベント会社を選ぶときの重要なポイントになる。

ウェルカムパーティー：到着日に開かれるため、参加者の疲れを考慮し、ほとんどがホテルのバンケットルームで軽く飲食する。エンターテインメントも軽いものかBGM程度。

全体ミーティング：社長が状況分析、セールスコンテストの総評、新製品・サービスの紹介、今後の目標などを大スクリーンでプレゼンテーションする。滞在日程が限られている場合はカットされる。

表彰式：目標達成者を正式に認知し、表彰する式典。「Backdrop」と呼ばれるステージ（背景幕・LEDスクリーンなど）を設置し、カーペットを敷き、司会者の演台はロゴを入れ特別に製作する。事前に用意した受賞者のビデオを流すなど映像

晴れがましい表彰式。派手な演出で盛り上がる

を多用する。ガラディナーの中で行う場合もある。

　ガラディナー：絶対に欠かせないハイライト。目標達成者の労をねぎらい、次回のコンテストも頑張ろうという動機付けをし、目標達成者の一体感を醸成する機会だ。主要な構成要素は▽会場▽飲食▽装飾▽音響・ビデオ・照明▽エンターテインメント。エンターテインメントでは、参加者たちがチームに分かれ事前に準備して、ステージでパフォーマンスを発表する学芸会スタイルもこのところ多くなってきた。

（左）ガラディナーは凝りに凝って
（右上）和風仕立てのネームプレート
（右下）ガラディナーが終わってホテルの部屋にもどるとドアノブに

　カクテル：ガラディナーの前に屋外や別会場でカクテルを楽しむ。通常、「Photo Booth」と呼ばれる記念写真用のセットを用意する。参加者は和服を着たりコスプレしたりする。

　チームビルディング：全体をいくつかのチームに分け、半日か一日で遂行する

ミッションを与えて競争させることでチームを強固にする。一定時間内で市内を地下鉄や徒歩で回りこの場所を探して写真に撮れというような観光を兼ねられるものが特に人気だ。太鼓、剣道などのテーマのものも人気がある。

太鼓の演奏はチームビルディングに人気だ

動機付け講演会：一流スポーツマン、驚異的な記録を作ったセールスマン、障害を乗り越えて活躍している人ら「Motivational Speaker」による講演。挑戦する人の話を聞いて今後の営業に活かしてもらうのが狙い。

ブランディング：セールスコンテストのタイトルや会社のロゴなどをあらゆる印刷物や演出に用いる。

ユニークベニュー：「特別」に欠かせないのがユニークな会場だ。ユニークベニューとは、本来、インセンティブ旅行の会議、表彰式、パーティーに供する想定で作られていない会場のことで、具体的には劇場、美術館、博物館、神社仏閣、歴史的建造物、庭園、ヘリポートなど。

求められる高度で専門的提案能力

海外のインセンティブバイヤー（旅行の主催者、旅行を扱う現地旅行会社など）は、通常3都市程度を選び、各都市のDMC（Destination Management Company：旅行・インセンティブイベントの企画制作・運営機能を持つ会社）などに企画・見積もりを請求、比較検討して旅行先を決める。DMCは費用対効果を訴え、魅力的な企画制作・プレゼンテーションをすることは必須だ。インセンティブ旅行ならではの「特別」を含む全体の企画・運営について、バイヤーの期待に応える高度で専

門的提案能力のあるプランナーが欠かせない。

　筆者は長年インセンティブトラベル・イベント業界に身を置いてきたが、その経験を生かしインセンティブプランナーの養成に貢献したいと思っている。我が国のインバウンド誘致促進に役立つことになるからだ。

公的施設をユニークベニューに

　インセンティブ旅行は、旅行にかける金額が一般の観光旅行より大きいため経済波及効果への期待から各国が誘致活動に力を入れている。JNTOも、海外企業のインセンティブ旅行を日本へ誘致するため情報提供や各種支援をしている。日本へのインセンティブ旅行を増やすために解決すべき課題を指摘しておく。

　インセンティブ旅行には、非日常の特別感が得られるユニークベニューが欠かせない。海外では、サンフランシスコの市役所、ミラノの運河博物館、フランスのルーブル美術館、オーストラリアの刑務所、ニューヨークの空母のデッキなどを借りてパーティーを開くことができる。これらは数例にすぎない。一方、日本では美術館や博物館といった公的施設の規制緩和・開放がまだ遅れている。公的施設をユニークベニューとして民間が薦めるようにすれば、訪日客増大という国の目標達成に繋がり、民間のビジネスも拡大する。公的施設も来場者が増え知名度が上がり、一定の貸会場収入も見込める。当該地の税収もアップする。

　冒頭で海外企業の日本へのインセンティブ旅行の一端を紹介したが、実は「空港でのちんどん屋の出迎え」や「パトカーの先導」は日本では規制があって実際には提案できない。このようなことが可能な他国（数カ国）と比べた場合、成熟した海外のバイヤーたちの目にはインセンティブ開放度・協力度が低い国と映るだろう。

　また、日本はクレームに対して過敏になっていると思う。小グループの庭園ランチで琴や尺八を演奏しようとしたところ、以前に一度近所から「うるさい」と苦情がきたことがあるので一切禁止にした庭園もある。チームビルディングのためにお堀でボートレースをしようにも、区民から特定企業だけ優先したという苦情・批判がくるのを恐れて使用を許可しない。MICEで大規模の団体が来れば大きな経済効果があり、しかも日本の理解者になって帰ってくれるのだから一石二鳥、多少のガマンをしても協力しようというおもてなしの心と意識を国民が持つ土壌づくりを急

ぎたい。国の国民への啓蒙活動が望まれるゆえんだ。

新型コロナウイルスとインセンティブ

インバウンドのインセンティブ旅行・会議の市場を把握する公的な統計はない
が、新型コロナウイルスの感染拡大以前は、2,000 ～ 3,000人といった大型のものが
増える傾向にあった。東京や大阪のホテルでも収容は不可能で、コンベンションセ
ンターを使う以外にない状況だった。ところがコンベンションセンターは展示会で
稼働率が高く、確保が難しかった。主催者にとっては会場費、装飾費、ケータリン
グ費などを考えるとホテルより相当割高になる。しかし、インセンティブ旅行の場
合、参加者が一堂に会する「場」は、連帯感、一体感を築く意味で非常に重要だ。
そのため、日本がインセンティブ旅行の目的地から外されないよう、コンベンショ
ンセンター以外に斬新かつ和のテイストを併せ持つ大型会場の建設が望まれてい
た。

コロナ禍の影響でインセンティブ旅行の主催者の企業業績は悪化、そのため主催
者は①参加できる人数を少なくして実施する②費用が比較的低廉な他国へ目的地を
変更する③目的地を海外から国内へ変更するなどの選択をすることになるだろう。

入出国がままならない現状では我が国のインバウンドインセンティブ業界の復活
時期は見通せない。しかし、代替手段として行われているオンライン表彰式などで
は「特別感・参加者の一体感」が薄れ、「楽しめるインセンティブ」にはならない。
コロナが終息すればすぐに従来のインセンティブ旅行とイベントは復活するだろう。
（写真はイベントサービス提供）

海外企業のインセンティブツアー事例

概要

　家庭日用品・化粧品・サプリメント等の輸入・販売を行っているアメリカに本社を置く企業が、販売成績が優秀な会員を対象に報奨として行う旅行、いわゆるMICEの「I」に該当するインセンティブツアーを年に1度国外で開催している。この企業は100以上の国と地域に拠点を持ち、これまでも全世界に広がる各支店が独自に日本国内各地で開催してきた。今回のインセンティブツアーは韓国支店が企画したもので、アジアで人気の高い「雪降る冬の北海道」がツアー先として選ばれた。

　北海道は、「雪」という自然の魅力と「海鮮」等の食の魅力でアジアからの観光客にも人気が高い。今回のインセンティブツアーは、個人・ファミリー会員合わせて約5,000人の大規模となり、全行程5日間のツアーを7回に分けて実施することになった。

　時期をずらして大人数のツアーを複数回、同規模・同内容で受け入れられる施設が札幌市内には限られており、札幌コンベンションセンターが受け入れ施設として選定された。また参加者は幼児、学生から大人まで幅広い年齢層となるため、コンベンションリンケージは参加者層に合わせガラディナーと関連プログラムの企画提案と当日運営を行った。

ツアープログラム

　ツアーは札幌市内、札幌近郊の観光ツアーやスキー、函館の夜景コース等が盛り込まれた5日間の行程で組まれ、最終日には札幌コンベンションセンターでガラディナーを開いた。

参加者の移動

　参加者は札幌市内の滞在ホテルから大型バスで移動するため、各ツアーでそれぞれ十数台の大型バスが必要となった。大型パーティーの場合には車回しが十分可能な車寄せ、駐車スペースや誘導スタッフの確保が求められるが、札幌コンベンションセンターは正面玄関前に大型駐車場を備えており、参加者の乗降場所として利

用。復路はディナーの進捗状況に応じて、バスを発車し、対応した。

ゲストグリーティング

　メインエントランスでは到着した参加者を出迎えるため、複数カ所に写真スポットを設け、ゆるキャラや大道芸人と一緒に写真を撮ったり、交流したりできる場を用意した。言語に頼らないパフォーマンスは、海外からの参加者に喜ばれやすい演出の一つである。

エントランスでのウェルカムアトラクション

大人向けプログラム

　ディナー前にはビジネスセッションが行われ、ツアー参加者に向け主催者からのメッセージや企業の取り組み等に関する士気を高める講演が行われた。

子ども向けプログラム

　ビジネスセッションが開催されている同時間帯に、子ども向けには別プログラムを用意した。日本のお祭りをテーマに縁日コーナーを設置し、射的やボールすくい、輪投げなど昔ながらの日本の遊びを体験できるブースを作った。ゲームの景品には北海道限定グッズを取り入れ、お土産として持ち帰ることができるようにした。幼児向けには木のボールプールを用意し、自然素材で安心して遊べるような工夫を施した。

　また、オルゴール制作体験として、オルゴールの装飾アイテムを使って自由にデザイン、制作できるコーナーを設けた。装飾の一つには企業ロゴを印刷したオリジナルオブジェクトを用意し、参加記念品にもなるようにした。

　フェイスペインティングコーナーでも企業ロゴシールを制作し、顔や腕に貼って

もらうなど、ガラディナーに向けて雰囲気を盛り上げるような工夫をした。その他、アニメーション映画を放映する部屋を設ける等、複数の会場に分けることで参加者の回遊性を高めるとともに、飽きないよう工夫した。

ガラディナー

ガラディナーは500 〜 800人規模の着席ビュッフェスタイルで実施したが、テーブル総数としては80卓を超える回もあった。また、VIP参加者用の卓を会場前方に設け、VIP卓以外は自由席とした。家族連れでの参加が多かったため、家族が同じ卓に座れるよう、余裕を持った配席とし、誘導スタッフが案内した。

食事は日本食、韓国料理、西洋料理などバラエティに富んだ内容を準備。北海道名物料理として用意したかにとそばは、別途屋台を設置して提供し、特別感を演出した。ビュッフェテーブルは同じメニューの並びを会場の両サイドに設置してどの卓からも食事が取りやすいようにした。ビュッフェメニューの他にもテーブルサーブのメニューが数品あり、事前にスタッフのサービス動線やサービス提供のためのバックヤードの確保、テーブルの配置に配慮した。

圧巻の着席ビュッフェスタイル

大型パーティーでは一度に食事を提供する量が多く、スタッフも同時に多数動くため、明確なオペレーションと動線の確保、入念なリハーサルが必要となる。会場後方には飲食サービス提供のための専用スペースを設け、サービススタッフの待機・作業場所を確保するなど、会場レイアウトの工夫も必要だ。

さらに、食事中のパフォーマンスとして、オープニングではジュニアジャズバンドやYOSAKOIソーランのパフォーマンスを実施。いずれも地域に根差して活動し

ている団体のため、北海道をPRする良い機会となった。会の後半では、韓国で人気のアーティストによるライブパフォーマンス。ステージ上や会場前方に参加者が一緒に踊れるスペースを設け、非常に盛り上がった。

ガラディナーのライブパフォーマンスで最高潮

運営体制

　会場となった札幌コンベンションセンターの他、音響・照明、看板・バナー施工、ケータリング（ホテル）、輸送、子ども向けイベント企画運営等多数のチームが関わり準備に当たった。ガラディナーの音響、照明は音楽コンサート・ライブの経験豊富なスタッフを中心にチームを組み、クライアントの専門スタッフの指示を基に業務に従事。誘導サインや表示では韓国語表記と、必要に応じて裏面等に日本語を併記し、ゲスト、運営スタッフともに理解ができるようにした。また、英語、韓国語に堪能なスタッフを配置し、クライアントやゲストとのコミュニケーション

事前のチェックも余念なく

を円滑にできるよう配慮した。

全7回のプログラムで使用する備品、機材はすべて同じものを使用するため、設営、撤去を効率的に行う必要があった。今回はガラディナー、関連プログラムで使用する会場の他に、期間中、備品保管のためのスペースも確保。長期間に及ぶイベントの場合には、都度の搬出入が非効率となるため、別途物資保管スペースが必要となる場合もある。

インセンティブツアーの経済効果

今回のツアーは、主催企業側のスタッフを含めると、延べ5,200人が韓国から来日した。交通、宿泊はもちろん、自由時間の飲食や土産品購入等、非常に大きな経済的効果を生み出した。インセンティブツアーでは、参加者の旅費・宿泊費は基本的に主催企業が負担するため、各参加者が自身のために消費できる金額が通常の観光客に比べ大きいことが多い。また、インセンティブツアーは参加者へのおもてなしも重要で、季節や開催地に合わせて特別な演出を施すことが多いため、開催地の観光PR効果も大いに期待できる。

グローバル企業のインセンティブ・イベント

　主催企業A社は日本を代表するグローバル企業であり、世界中の協力企業から、膨大な種類の優れた素材や部品などを選定・調達している。

　A社は毎年、これら世界の協力企業の中から特に品質や生産性向上において貢献した企業を一堂に集めて「優秀協力企業表彰式」を開催している。本イベントは、世界中に広がる協力企業のモチベーションを維持・向上させることを目的としており、MICEの定義でいえば「I」（インセンティブ）に該当する。

表彰&キックオフイベント

　インセンティブ・イベントは、広義では組織を活性化させるための手段であり、「周年イベント」「表彰イベント」「キックオフイベント」「社員総会」「運動会・スポーツイベント」などがある。A社のインセンティブイベントは「表彰イベント」に該当するが、同時に取引企業にA社の事業方針を説明し、将来像に関するメッセージを確認する「キックオフイベント」の場でもあった。

　一般に「表彰イベント」は、個人に焦点を当てることが多いが、本イベントは、対象が個人ではなく、企業である。しかも、世界中から150社以上の企業のトップが参加する大規模なものであった。トップに随行するスタッフ社員だけでも優に100人を超える。主催者であるA社と運営会社は、開催にあたって次のポイントに特に配慮した。

・大企業を含む企業のトップを招くため「企業対企業」の公的な行事と位置付け、企業の代表である参加者に最大限の敬意を払う。

・トップの心に届くおもてなしをする。特に表彰を特別な思い出、記念の証しとして心に刻んでいただく。

・取引先の品質向上は、A社の製品品質、サービス品質の向上、ひいてはA社のブランドエクイティ（資産価値）の向上に繋がる。A社は日本でも有数のブランドを大切にする企業である。このような視点から、演出面でA社のブランドの表示品質に細心の注意を払い、協力企業にもA社のブランドエクイティを形成する一員であることを改めて認識していただく場とする。

・グローバル展開をするA社にとって、国際的な関係構築は重要である。世界各国からの参加者に対して、コミュニケーションの要である言語による意思疎通に支障があってはならない。また、A社の将来像について正しく理解していただく必要がある。したがって、高品質な通訳の提供が最重要課題である。

このような観点から、演出、空間構成、通訳、料理、接遇、人員配置、宿泊に至るまで最善を尽くすことがスタッフ間で確認された。

実施概要

「優秀協力企業表彰式」は2部構成で実施された。第1部で懇談会と表彰式、第2部で懇親会が行われた。

第1部の会場には、インパクトのある演出をするため、迫力ある30mのロングスクリーンを配した。受付装飾、舞台装飾、机のクロス、ライティングなどのトーン&マナーは、A社のブランドカラーを基本色とし、会場全体がA社のブランド空間となるように展開した。同時通訳は、日、英、中の3言語とし、通訳者は、国際会議などで活躍する最高クラスを厳選して配置した。

第1部の懇談会は、A社のグローバル展開を担当する企業社長の挨拶から始まり、A社社長が将来像に関するメッセージを伝えた。その後、外部講演者によるAIをテーマとした、今後の社会と企業の在り方についての講演が行われた。続く、表彰式では、表彰対象の10社の代表が壇上に上がり、A社社長から表彰状と盾を授与され、記念撮影をした。

第1部の終了後、20分の休憩を挟み隣室にて第2部の懇親会が開催された。

懇親会では、A社会長による挨拶、乾杯と続き、歓談後、弦楽四重奏とハープのコラボレーション演奏で参加者を和ませた。食事は、ホテルが政府首脳会談時の経験を元に国際色豊かな和洋混合メニューでもてなした。

懇親会の後半には第1部で撮影したダイジェスト映像を放映し、一日を振り返っていただきながら、参加者に改めて謝意を表した。運営会社は、本イベントの準備期間から当日運営を通じて、インセンティブ・イベントの本質は「感謝とおもてなしの心」にあると改めて振り返った。

博覧会とは何か

UG WORK合同会社代表
イベント・空間メディアプロデューサー

澤田 裕二

はじめに

　私たちが目にする「○○博覧会」「○○博」「○○EXPO」は、大きく３つに分類できる。まず、高い公益性を持つイベント事業で国や地方自治体などの公的団体が主催する博覧会。二つめは、収益を目的とする興行イベント。三つめは、製品を集めてプロモートする商品展示会イベントである。

　さまざまなイベントに「博覧会」「EXPO」の名称が利用される理由は、イベントの総合力や規模の大きさ、魅力の高さと希少性をアピールし、集客力を高めるためである。また、オリンピックとは異なり、誰でも使用できることもある。

　本稿では、一つめの高い公益性を持つイベント「博覧会」を対象として解説する。この博覧会は「社会を発展させる」目的で開催され、集められたコンテンツや情報を一覧し、共有・共感することにより、それらの開発と市民行動の変容を誘発し実現するイベントであり、以下のような特徴を備えている。

　・社会や産業、文化などを発展させる目的で開催する

　・目的を表現する「名称」と「テーマ」を設定する

　・開催期間を限定する

　・多様な参加者（出展者など）が提案コンテンツを持ち寄る

　・多くの来場者と参加者が集う

　・未来を見せる魅力を持つ

　・コンテンツを一覧できる

　・来場者と参加者に行動変容を促し「社会の発展」を実現する

国際博覧会の変遷

国際博覧会の始まり

　初めて開催された国際博覧会は、1851年の第1回ロンドン万博である。鉄とガラスで構成された画期的な巨大パビリオン（クリスタルパレス）が建設され、各国から集められた多くの展示物を包み込み、世界を総覧する国際博覧会の原型を提示した。

　当時のヨーロッパは、産業革命と資本主義の進展によって産業振興が国の重要施策となっていた。そのために、国内を対象とした産業見本市が頻繁に開催され、情報メディアの乏しい時代に新しい製品や情報を集め、産業の発展に貢献した。それに対して、世界最先端の工業国であったイギリスは、先進的な工業製品の展示と、世界から珍しい展示物を集めることで、産業振興と国力を国内外にアピールする目的で国際博覧会を開催した。

　また、都市環境の悪化など市民の不満が高まっていることに対して、資本主義の成果を見せ、驚くべき製品と世界の珍しいものを供覧する娯楽を提供し、未来への期待を高め国威を発揚することで、それらに対応することも目的とされた。

第1回ロンドン万博
©The Granger Collection/amanaimage

国際博覧会条約の成立

　19世紀中盤に、欧米の各国で頻繁に開催されるようになった国際博覧会は、来場者を集められずに失敗するものも見られた。加えて参加国の負担が大きいことも問

題視された。そのため、開催に一定の制限を設けることが話し合われ、国際条約の必要性が共有された。第1次世界大戦による中断を経て1928年に国際博覧会条約が締結され、国際博覧会事務局がパリに設置された。

　現在、私たちが国際博覧会もしくは万博として認識しているものは、国際博覧会条約に基づくものである。オリンピックが国際オリンピック委員会という民間団体が認定し、開催地の民間団体が実施することに対し、国際博覧会は政府間で締結された国際条約に基づき、加盟国政府の代表による総会で承認・認定され、開催国の政府が主催する事業である点が大きな違いである。

　この時期の国際博覧会は、2度の世界大戦の時代であり産業振興と併せて国家の力を国内外にアピールすることにエネルギーが割かれた。それまでの主催者が建設する巨大なパビリオンに出展する形式から、独立した国別のパビリオンを建設する形が生まれた。

1900年パリ万博
©Bridgeman Images/amanaimages

第2次世界大戦後の国際博覧会

　第2次世界大戦終結から13年を経た1958年にブリュッセル万博が開催されたが、2度の世界大戦によって博覧会は在り方を大きく変えた。一つは、戦争で人類史上最大の犠牲者を出す一因となった科学技術への信頼を回復し、科学技術が未来を作る可能性と夢を、多くの市民と共有するためである。もう一つは、核兵器がもたらした人類の危機を回避するために、国際秩序の維持と平和を希求する活動を高め発展させることである。

この時期の特徴として、展示物の中心がそれまでの目を見張るような工業製品や世界の珍しい展示物から、宇宙や原子力、電気など直接、目にすることができない技術に変化したことが挙げられる。それらを可視化し、楽しさと驚きのある展示体験にする手法として最新技術による特殊映像が採用され、私たちが知っている博覧会の原型が現れた。現在、映画館で見かける巨大スクリーンIMAXやムービングシートの登場である。

1967年モントリオール万博コダック館
『expo67』Thomas Nelson & Sons（1968）より転載

21世紀の国際博覧会

　20世紀終盤になると、インターネットやデジタル技術による情報化社会の進展と海外旅行、ビデオゲームやテーマパークなどによる娯楽の日常化など、社会状況が変化した。国際博覧会は、世界から新しい情報や異文化を集めて展示する魅力を失い、相次いで目標来場者数を達成できず失敗する。このような状況に国際博覧会事務局は危機感を強め、その在り方を再検討し21世紀目前の1994年総会で「現代社会の課題を浮き彫りにする今日的なテーマ」の設定を義務付ける新しい決議がなされた。国際博覧会は「人類の課題解決の場」として再定義され、21世紀の国際博覧会の基礎が示された。

　その決議に沿って開催された初めての国際博覧会が、2005年日本国際博覧会（略称：愛知万博）であり、目標来場者数を大きく上回る2,200万人を集め成功した。これによって国際博覧会は復活を果たし、国際博覧会事務局総会において異例の「賛辞の決議」がなされた。

　一方で、人類の課題解決の方法は、各国で共通することが多く、博覧会の魅力である多様性は減少した。加えてそれらの技術は先進国に偏り、途上国は特産物や観光紹介にとどまるため両者の差が歴然とするなどの問題も生じている。また、「現代社会の課題」から提起される「未来」は暗い印象を与え、未来に向かう圧倒的なエネルギーが醸成されにくい傾向が見られる。

2015年ミラノ万博ドイツ館（著者撮影）

日本と博覧会

内国勧業博覧会〜明治期の博覧会

　日本が初めて参加した国際博覧会は、1862年の第2回ロンドン万博である。幕府は、駐日イギリス公使であったラザフォード・オールコックを政府代表として、出品物の選定と陳列に当たらせる参加だった。その後、日本が初めて主体的に参加したのは1867年の第2回パリ万博であったが、幕末の混乱の中で、幕府の出展と別の場所に薩摩藩と佐賀藩が合同出展をする変速的な参加となった。

　日本政府としての正式な出展は、1873年のウィーン万博からである。日本から欧米への視察団は、国際博覧会から最新の情報とともに、産業と文化を発展させる仕掛けとして「博覧会」を持ち帰った。以降、日本国内を対象とする内国勧業博覧会がたびたび開催された。

国際社会に存在感を示す国際博覧会の誘致

　昭和に入ると、国威発揚と国際社会へのアピールが重視され始める。1940年の皇

内国勧業博覧会
©Bridgeman Images/amana images

　紀二千六百年記念事業として、オリンピックと国際博覧会が誘致された。その「紀元2600年記念日本万国博覧会」は、東京と横浜の湾岸地区を会場として計画されていたが、日中戦争の激化で延期（事実上は中止）された。築地にある勝鬨橋は、会場のメインアプローチとして建設されたものである。発売された前売り入場券は「延期」を理由に払い戻しされていないために、1970年に開催された日本万国博覧会（略称：大阪万博）、2005年日本国際博覧会（略称：愛知万博）でも使うことができた。

　1970年の大阪万博は、1964年の東京オリンピックとともに戦後の復興を国際社会と国民にアピールする役割を果たした。オリンピックと国際博覧会をセットで誘致することで、国際社会と国民に対してアピールする方法はこの頃から始まった。

1970年大阪万博
©朝日新聞社/アマナイメージズ

地方博覧会の大流行とジャパンエキスポ制度

　地方博覧会の先駆けは、1981年の神戸ポートアイランド博覧会である。湾岸の埋

め立て地を新しい都市空間へと発展させる起爆剤として計画された。結果として1,610万人が来場する空前の成功となり、ポートアイランドの名前と神戸市の実力は一気に全国で認知された。それに刺激され、大規模な開発事業の完成や市制100年を記念する事業として、多くの地方博覧会が開催された。折からのバブル経済も追い風となり、地方博覧会ブームが起こった。

　当時、ヒト・モノ・コトを集めることが地域の経済と文化を発展させるとされ、博覧会はそのために合理的な手法として期待された。しかし、1980年代の終盤になると、各地で小規模で目的も明確でない博覧会が粗製乱造され始め、多方面から一定の規模と質を認定する制度が要望され、通商産業省（現経済産業省）による「ジャパンエキスポ制度」が始まった。1992年から2001年までに、県や政令指定都市の主催によるジャパンエキスポが12回開催された。

2001年21世紀未来博覧会（山口きらら博）
「山口きらら博公式記録集」より　撮影／山口新聞社

博覧会を復活させた愛知万博

　東京都は、21世紀目前の1995年に東京ベイエリア（お台場、青海、有明）の開発を促進する目的で「世界都市博覧会」を計画した。しかし、税金の無駄遣いとして批判を受け、都知事選挙の争点にもなり直前で中止された。情報化時代における博覧会不要論も加わり「博覧会の氷河期」に入った。

　2005年の愛知万博はそのような社会状況の中で計画された。会場を大正時代に皆伐された山を植林で見事に復活させた「海上の森」とし、そこに自然と人間が共生する新しい都市を作る構想であった。しかし、開催後に住宅地として利用する開発

2005年愛知万博
©朝日新聞社/アマナイメージズ

事業が自然破壊であると批判され、会場地を変更するなど危機的な状況の中で準備が進められた。

　開催されると、それらへの対応の中から生まれた地球環境保護への徹底した取り組みや、その大切さをアピールする展示とさまざまな活動の創出、先進的な市民参加プログラムなどが高く評価された。多くのメディアがその魅力を発信し、目標来場者数を大幅に上回る来場者が訪れるなど人気を博して、博覧会の悪評を修正した。国際博覧会の復活に貢献したことは前述した。

これからの博覧会

　博覧会には、「主催者」「参加者」「来場者」の3つの立場がある。目的や成果は立場によって異なるが、開催される社会の状況とそれぞれのニーズを相互に連携させる関係性の構築が重要である（【図表-23】参照）。

　博覧会は、開催される社会状況と地域によってまったく違う姿を開発することが必要である。博覧会の魅力を表現するときに「今までにないまったく新しい」という言葉が使われることがあるが、常に変化する時代に対応した今までにない新しい博覧会とすることは当たり前のことである。

① 博覧会のつくり方〜主催者の振る舞い〜

開催目的とテーマの開発

　博覧会は、社会の発展を目的に開催するイベントであるため、開催によって実現

をめざす「未来のビジョン」と具体化の方向性を示す「テーマ」を開発する必要がある。また、博覧会の魅力は、参加者（パビリオン出展など）が持ち込む提案コンテンツで決まる。したがって、「未来のビジョン」「テーマ」は多様で多数の参加者を得るために、広く社会に共感と賛同を得るものでなければならない。

参加者を最大化するプラットフォームを開発

主催者のもう一つの役割は、多様で多数の参加を実現するプラットフォームを提供することである。その構成要素は「テーマ展開計画」「会場計画」「参加計画」である。

テーマ展開計画は、テーマの広がりを示し、参加者がテーマとの繋がりを理解し、その参加検討や企画づくりに役立つ展開が求められる。会場計画は、多様な参加を可能にする施設を整備することが求められる。参加計画は、参加を最大化するための多様な方法を示すとともに、効果的な参加を保証する計画が必要となる。

これらのプラットフォームが有効に機能することで、博覧会は期間限定の実験的な未来都市となり、その魅力によって多くの来場者を得て、社会の発展を達成することができる。

【図表 -23】博覧会における関係性の構築と相互作用

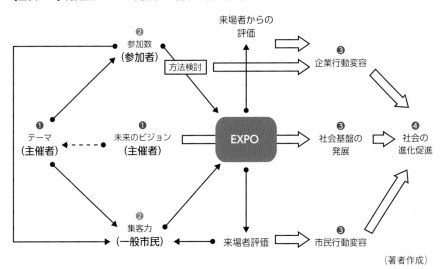

（著者作成）

主催者がテーマ事業を展開する場合は、来場者に未来を考えるきっかけやヒントを、体験を通じて問い掛けるものとすることが必要である。

② 博覧会の使い方〜参加（パビリオン出展など）の価値〜

未来を担うパフォーマンスを"多くの人"の"心"に刻む

　博覧会には、テーマに関心を持った多数の来場者が会場に訪れる。1970年の大阪万博では、日本の総人口1億人に対して6,500万人が来場した。2005年に開催された愛知万博は、2,200万人が来場し、国民の8人に1人が（リピート率補正）来場した。パビリオン出展などの参加者は、他のイベントでは考えられない多数の来場者とコミュニケーションをとる機会を得ることができる。

　ロンドンオリンピックの観覧者総数が約800万人、東京オリンピックは約850万人が想定されていたことに比べても、圧倒的な人数である。

　加えて、博覧会でのコミュニケーションは、空間と時間の体験を特徴としている。それによって来場者に、参加者の未来を担うパフォーマンスの高さを「頭で理解」を超え「心に残す」という、他では得られない高い効果が期待できる。

　また、博覧会は公益性の高い事業であるため、参加者の社会性が審査される。参加できること自体がステイタスとなり、社会を構成する一員として認識されていることを示すことができる。

2007年サラゴサ国際博覧会日本館（著者提供）
浮世絵を利用し100万都市江戸の循環型社会を紹介し自然と調和する21世紀の生き方をメッセージ（Aクラスデザイン部門金賞）

新しいアイデア、技術、製品、取り組みの実証・実験と発信の場

古くは、多くの人に製品を見せる工夫としてショーケースが考案され、暑くて売れ残った紅茶からアイスティーが生まれ、ガラスと鉄の巨大建築やエッフェル塔が作られるなど博覧会は、新しいアイデア、技術、製品の価値を多くの人に紹介し、社会に実装させる役割を担ってきた。

20世紀終盤から21世紀初頭の博覧会は、科学や技術をエンターテインメント手法で見せてきたが、21世紀中盤の博覧会は、博覧会の本来の姿である新しい技術や製品、取り組みの実証・実験の場となる。

参加者は、仮設性を最大に活用することで、あらゆる制約から開放され限界を超えたチャレンジが可能であり、他では得られない高い成果を持ち帰ることができる。それらは多くの来場者にアピールすることはもちろん、博覧会にはたくさんのメディアが集まるため大量に発信される。

すべての業務を未来形に変容させるチャンス

参加にあたっては、未来社会をつくるための調達や組織運営など、あらゆる活動に対して先進的なレギュレーションが設定される。それは参加者の通常業務にも影響し、変化と進化を生み出すことになる。博覧会への参加は、未来社会に必要な振る舞いを身に付ける絶好のチャンスとなる。

③ 博覧会の楽しみ方〜来場者が得られる"博覧会ならでは"の魅力〜

"未知と遭遇"する面白さ、"体験を共有"する幸福

人は、未知のことを理解することで満足する特性があり、それによって文明を創り出してきた。博覧会は、未知のことを遊びながら知ることができるコンテンツに満ちており、未知と遭遇する面白さによって高い満足感を得ることができる。

また、人はコトやモノを他の人と共有することで安心感を得る特性があり、それによって社会を形成してきた。博覧会では、一緒に来場する親しい人と楽しい未来コンテンツの体験を共有することで、特別な幸福感を得ることができる。

誰もが社会に必要とされていることを知る

かつての博覧会では、来場者は驚くべき未来提案を見せられ、それを消費する存在であり、未来づくりに参加することは期待されていなかった。現代社会は、デジ

2015年ミラノ万博日本館／展示デザイン部門金賞
デジタルアートで和食のレシピを紹介（著者撮影）

タル技術で一人ひとりの可能性はかつてないほど拡大している。

　来場者は、自分ができることに気付くきっかけを得ることができる。それにより行動を始め、自分が社会から必要とされていることを実感し、生きがいを持って暮らすことができる。他にボランティアに参加することでも同じ効果を得ることができる。

未来に生きるエネルギーをチャージする

　現代社会には不安が蔓延している。博覧会に来場することで、その漠然とした不安を解消し、希望ある明るい社会への期待を得ることができる。

　テーマパークやビデオゲームは、フェイクな世界の物語をエンターテインメント手法で体験させ、夢の時間を提供する。博覧会は、リアル（事実）な世界の課題を知り、解決方法とそれらがつくる心豊かな未来を知ることで、人と未来への共感と希望を創り出す時間を提供する。それを「心」に記憶することで、明るい未来に向かうエネルギーをチャージできる。

未来社会のデザインにチャレンジするEXPO2025

　2025年日本国際博覧会（略称：大阪・関西万博）は国際博覧会条約の登録博として開催される。21世紀中盤の人類社会を占う事業となるためのさまざまなチャレンジがなされる。

　デジタル技術が急速に発展し、社会は急速に変化を求められている。それらは世

界と人類に幸福な未来を創り出されなければならない。EXPO2025は、「いのち」について深く理解しようとする試みであり、あらゆる叡智を結集する必要がある。国際博覧会は人類社会において最大で最高のイベントであり、日本はこの半世紀に、世界でもっとも多く開催してきた。その経験を活かし21世紀中盤に求められる人類社会を垣間見せ、それを知り自分を再発見し行動を起こし、未来づくりにチャレンジする壮大な実験場となることが国際社会から期待されている。

2025年日本国際博覧会
（略称：大阪・関西万博）
©共同通信社／アマナイメージズ

見本市は日本経済発展のエンジン　MICEの「E」はExhibition=見本市

（一社）日本展示会協会 名誉会長
リード エグジビション ジャパン（株）名誉会長

石積 忠夫

　ここでは、MICEの「E」すなわち「Exhibition=（見本市）」の基本について説明する。

　MICEの中で、見本市は最大級の比重を占める。例えば、2018年の見本市の総参加者数は約1,300万人、うち約55万人が海外からであり、商談金額は5.8兆円。宿泊数は延べ約400万泊で、直接経済効果（宿泊、飲食、交通費等）の総額は7,622億円に上った。

　見本市を短く言い表すと、「同一業界の何百、何千社が世界中から一堂に集まり、自社の製品を展示。そこに世界中から何万人ものビジネス客が商談や買い付けを目的に集まる巨大な商談の場」となる。

　まず、見本市をはっきりとイメージしてもらうために、「見本市とは何か」と「開催に至るまでのプロセス」の2つをわかりやすく紹介しよう。

見本市会場での光景（見本市とは何か）

　ここからは、2019年2月27日 〜 3月1日 にリード エグジビション ジャパンが東京ビッグサイトで開催した「第15回 スマートエネルギー Week」を例に、見本市会場でどのようなことが行われ

写真

ているかを説明する。

A）「規模が巨大」が最大の特徴　数千社の競合他社が一堂に出展

「スマートエネルギー Week」には東京ドームのグラウンド6個分に及ぶ展示スペースに、世界29カ国から1,419社に上る新エネ・省エネ関連の競合メーカーが出展。国内外から約6万7,000人の専門家が来場した（写真1）。

　このように、国際見本市は「同じ屋根の下に数百・数千の競合他社が集まる巨大な規模であること」が大きな特徴である。

B）長年にわたり、毎年同じ時期に同じ会場で開催

　2005年の初回以来、本展は毎年2月東京ビッグサイトで開催され、2019年で15年目を迎えた。写真2はその時の開会式の様子だ。

　本展は今後も10年、20年、50年の長期にわたり、同じ会場で、同じ時期に開催し続ける予定だ。これが、見本市の特徴であり、また、開催都市にとっての大きなメリットである。

写真2

C）数百、数千億円の商談が会場で行われる

「スマートエネルギーWeek」では、ほとんどすべてのブースで写真3のように、活発に商談する姿が見られた。その結果、3日間で1,660億円（推定）の取引が行われた。

　各出展者にとって、

写真3

国際見本市は一度に多数の顧客に製品を売り込む効率的な販売機会である。また、競合他社の中に身を置くことによって刺激を受け、モチベーションが高められ、新製品開発の意欲が喚起される機会にもなっている。

　一方、来場者にとっては、見本市は一度に多数の競合製品を比較検討し、その場で購入できることが最大のメリットだ。

　このように、国際見本市は文字通りの「巨大な市場」である。

D）海外からも数千人の専門家が来場　文字通り「国際的！」

「スマートエネルギー Week」は海外からの出展社スタッフ、及び専門バイヤーの総参加者数が、66カ国9,450人に上り、まさに「真の国際見本市」となっている。

　日本にいながらにして世界中の企業と取引できること。これが国際見本市の大きなメリットだ。また、海外参加者のほとんどが交通や宿泊、さらには観光などに多額の費用を使っている。

写真

E）数百回の講演を開催、見本市は巨大なコンベンション

　本展では展示に加えて、204セッションに上る講演会・セミナーを同時開催し、2万3,096人の専門家が受講。そのうち12%の2,689人が海外からの受講者だった（写真5）。

写真

すなわち、見本市は極めて大規模なコンベンション（国際会議）でもあるのだ。すべてのセミナーは、テーマから講師まで主催者のリードが、毎年自らの責任でゼロから構築している。

　日本ではコンベンションを「世界各国で開催される学術会議や国際会議」と捉え、「誘致するもの」と考える傾向がある。

　もし、今まで以上に日本をコンベンションや国際会議が盛んな国にしたいなら、見本市をもっと数多く開催し、その中で会議やセミナーを多数実施することも有効な手段の一つである。

F) わずか一度の開催で巨額の経済効果をもたらす

「スマートエネルギーWeek」では、開催期間中、出展社スタッフや来場者によって宿泊、飲食、交通、装飾などに約79億円が消費された。これを直接経済効果と呼ぶ。

　特筆すべきことは、海外からの来場者と出展社スタッフを合わせた9,450人に加え、関東以外の日本全国から7,949人、計1万7,399人が2〜3日間宿泊したことだ。宿泊者が増えれば、それに比例して経済効果は膨大になる。交通費は、世界中、日本全国から来場するので、約22億円に達し、装飾、警備、通訳、マンパワーなどの雇用創出数は計7,877人に上った。

　確かに、オリンピックなどは一回で巨大な経済効果をもたらし、開催国を大きく発展させる。しかし、何十年に一度しか日本で開かれず、しかも開催の決定者はIOCである。

　その点、見本市は自らの創意と工夫で創り出すことができ、何十年にもわたり、継続して開催できる。この点が、世界各国が見本市の開催に力を入れている理由である。

　以下、「スマートエネルギーWeek」の直接的経済効果をまとめた（【図表-24】参照）。

【図表-24】「スマートエネルギー Week 2019」の直接経済効果

直接経済効果
（ 宿泊、飲食、交通 …など ）　　　　　　**78.6億円**

内訳 | 算出基準　出展社スタッフ数 15,180人 ／
来場者数　　　　　　67,093人（報道関係者517人を含む）

会場費・装飾・マンパワー・広告・出展・来場誘致活動 …など ―――― **47.6億円**

宿泊費
（遠隔地及び海外のみ）―――― **6.6億円**

出展社スタッフ：

関東以外 2,829人×3.5泊 ＝ 9,902泊
（80%）

海外 3,033人×3.5泊＝10,616泊
（100%）

来場者：

関東以外 5,120人×1.5泊 ＝ 7,680泊
（30%）

海外 6,417人× 2 泊＝12,834泊
（100%）

合計：41,032泊

飲食費 ―――――― **2.4億円**

出展社スタッフ（全体の9割）：

13,662人×3,000円×2.5日 ＝1.0億円

来場者（全体の7割）：

46,965人×2,000円×1.5日 ＝1.4億円

交通費 ―――――― **22.0億円**

出展社

東京 6,524人×1,500円×2.5日＝2,447万円

関東（東京以外） 2,087人×3,000円×2.5日＝1,565万円

関東以外 3,536人 × 3万円＝1億0,608万円

海外 3,033人 × 15万円＝4億5,495万円

合計：6億0,115万円

来場者

東京 30,453人×1,500円×1.5日＝6,852万円

関東（東京以外） 13,157人×3,000円×1.5日＝5,921万円

関東以外 17,066人 × 3万円＝5億1,198万円

海外 6,417人 × 15万円＝9億6,255万円

合計：16億0,266万円

雇用創出数
（ 装飾・警備・通訳・マンパワー …など ）　　　　　　**7,877人**

（筆者作成）

開催に至るプロセス

　国際見本市は、誰がどのようにして、どのくらいの期間をかけて、開催にこぎ着けるのか？　どのような企業や人々が関わっているのか？　特に主催者は、ゼロから見本市を考え出し、1年間の膨大な作業と膨大な経費を投入して初日を迎える。見本市の成否、金銭面の損得もすべて主催者が負うので、極めて高いビジネスリスクがあり、適切な判断力、粘り強さが不可欠である。主催者の観点に立った、1年間のプロセスが【図表-25】である。

【図表 -25】国際見本市 開催までの 1 年間のプロセス

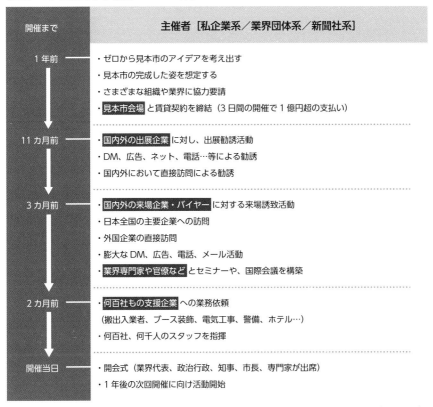

開催まで	主催者 [私企業系／業界団体系／新聞社系]
1 年前	・ゼロから見本市のアイデアを考え出す ・見本市の完成した姿を想定する ・さまざまな組織や業界に協力要請 ・見本市会場 と賃貸契約を締結（3 日間の開催で 1 億円超の支払い）
11 カ月前	・国内外の出展企業 に対し、出展勧誘活動 ・DM、広告、ネット、電話…等による勧誘 ・国内外において直接訪問による勧誘
3 カ月前	・国内外の来場企業・バイヤー に対する来場誘致活動 ・日本全国の主要企業への訪問 ・外国企業の直接訪問 ・膨大な DM、広告、電話、メール活動 ・業界専門家や官僚など とセミナーや、国際会議を構築
2 カ月前	・何百社もの支援企業 への業務依頼 （搬出入業者、ブース装飾、電気工事、警備、ホテル…） ・何百社、何千人のスタッフを指揮
開催当日	・開会式（業界代表、政治行政、知事、市長、専門家が出席） ・1 年後の次回開催に向け活動開始

（筆者作成）

世界から大きく遅れている日本

見本市会場面積の世界ランキング　日本は48位

　50年ほど前から、欧米の国々は見本市を「経済活性化と発展のための切り札」と

【図表 -26】 展示会場面積の世界ランキング

展示会場面積 世界ランキング（数字の単位は万㎡。黄色はアジアの都市）
日本最大の 東京ビッグサイトでも 48 番目

1. ハノーバー（独）……46.3	42. 南昌（中）……13.0	85. クリーブランド（米）…9.8	129. ワシントン（米）…6.5
2. 上海（中）……40.4	45. ワルシャワ（ポーランド）…12.9	88. ラスベガス（米）…9.7	129. 広州（中）……6.5
3. 深圳（中）……40.0	46. イスタンブール（トルコ）…12.0	89. テヘラン（イラン）…9.6	129. 鄭州（中）……6.5
4. フランクフルト（独）…36.7	46. 義烏（中）……12.0	90. トロント（カナダ）…9.3	129. サンディエゴ（米）…6.5
5. 新疆（中）……35.0	48. 東京ビッグサイト（日本）…11.8	90. ボルドー（仏）……9.2	134. フィラデルフィア（米）…6.3
6. ミラノ（伊）……34.5	48. サラゴサ（西）……11.8	92. サンパウロ（ブラジル）…9.0	134. ダマスカス（シリア）…6.3
7. 広州（中）……33.8	48. バルセロナ（西）……11.8	93. 杭州（中）……8.9	134. ニューデリー（インド）…6.3
8. 昆明（中）……31.0	51. パルマ（伊）……11.6	94. リオデジャネイロ（ブラジル）…8.7	137. 杭州（中）……6.1
9. ケルン（独）……28.4	51. ラスベガス（米）……11.6	94. ハンブルグ（独）…8.7	138. ヴェルス（オーストリア）…6.0
10. デュッセルドルフ（独）…26.2	53. ブリュッセル（ベルギー）…11.5	96. フリードリッヒスハーフェン（独）…8.5	138. 大連（中）……6.0
11. パリ（仏）……24.6	54. リミニ（伊）……11.3	96. バートザルツウフレン（独）…8.5	138. テッサロニキ（ギリシャ）…6.0
12. シカゴ（米）……24.2	55. ライプツィヒ（独）……11.1	98. 広州（中）……8.2	138. ノヴィサド（セルビア）…6.0
13. 合肥（中）……23.8	56. ロンドン（英）……11.0	98. イスタンブール（トルコ）…8.2	138. ドルトムント（独）……6.0
14. バーリ（伊）……23.0	56. ヘアニング（デンマーク）…11.0	100. アブダビ（UAE）…8.0	138. モアメティア（アルジェリア）…6.0
15. モスクワ（露）……22.6	56. ブルノ（チェコ）……11.0	100. パリ（仏）……8.0	138. ポートメッセ名古屋（日本）…6.0
16. バレンシア（西）……22.3	56. エッセン（独）……11.0	102. メルボルン（豪）…7.9	138. ウィーン（オーストリア）…6.0
17. 成都（中）……20.5	56. 南京（中）……11.0	102. サンフランシスコ（米）…7.9	146. インディアナポリス（米）…5.8
18. バルセロナ（西）……20.5	56. 済南（中）……11.0	104. ローズモント（米）…7.8	147. デトロイト（米）……5.8
19. パリ（仏）……20.2	56. 石家荘市（中）……11.0	104. アムステルダム（蘭）…7.8	147. ベンガルール（インド）…5.8
20. ボローニャ（伊）……20.0	63. ポズナン（ポーランド）…10.9	106. 寧波（中）……7.7	149. バンコク（タイ）……5.7
20. マドリード（西）……20.0	64. ソウル（韓）……10.8	106. 青陽（中）……7.7	149. ヘルシンキ（フィンランド）…5.7
20. 上海（中）……20.0	64. ビルバオ（西）……10.8	108. サンパウロ（ブラジル）…7.6	151. サンアントニオ（米）…5.6
20. 青島（中）……20.0	66. アナハイム（米）……10.7	108. トリノ（伊）……7.6	152. ウィーン（オーストリア）…5.5
24. バーミンガム（英）…19.9	68. ジュネーブ（スイス）…10.6	108. 台北（台湾）……7.6	152. 成都（中）……5.5
25. オーランド（米）……19.5	68. 瀋陽（中）……10.6	108. 永康（中）……7.6	154. デンバー（米）……5.4
26. 武漢（中）……19.0	70. ドバイ（UAE）……10.5	112. イズミル（トルコ）…7.5	154. レンヌ（仏）……5.4
27. 重慶（中）……18.4	70. シュトゥットガルト（独）…10.5	112. パドヴァ（伊）……7.5	154. ヘント（ベルギー）…5.4
28. ラスベガス（米）……18.0	70. モスクワ（露）……10.5	112. サンパウロ（ブラジル）…7.5	154. 天津（中）……5.4
28. ミュンヘン（独）……18.0	70. モスクワ（露）……10.5	112. マカオ（マカオ）…7.5	158. ハリスバーグ（米）…5.3
30. ベルリン（独）……17.0	75. ルイビル（米）……10.2	116. 香港（香港）……7.2	158. ボゴタ（コロンビア）…5.3
31. ニュルンベルク（独）…17.0	75. ニューオーリンズ（米）…10.2	116. 幕張メッセ（日本）…7.2	158. 北京（中）……5.3
32. ローマ（伊）……16.7	75. ユトレヒト（蘭）……10.2	116. コロンバス（米）…7.2	158. インディアナポリス（米）…5.3
33. ヴェローナ（伊）……15.5	78. シンガポール（シンガポール）…10.0	116. ヒューストン（米）…7.2	162. グルノーブル（仏）…5.2
34. 済南（中）……15.0	78. 長春（中）……10.0	120. ロサンゼルス（米）…7.1	162. マルセイユ（仏）…5.2
34. 厦門（中）……15.0	78. 坦洲鎮（中）……10.0	120. ニューヨーク（米）…7.1	162. カールスルーエ（独）…5.2
36. バーゼル（スイス）…14.1	78. 蘇州（中）……10.0	120. ヴィチェンツァ（伊）…7.1	162. 青島（中）……5.2
37. 青島（中）……14.0	78. 昆山（中）……10.0	123. インテックス大阪（日本）…7.0	166. ローザンヌ（スイス）…5.1
37. 青島（中）……14.0	78. 濰坊（中）……10.0	123. ストックホルム（スウェーデン）…7.0	167. ベント・ゴンサルベス（ブラジル）…5.0
39. リヨン（仏）……13.8	84. ジェノヴァ（伊）……9.9	125. 上海（中）……6.8	167. 昆明（中）……5.0
40. バンコク（タイ）……13.7	85. ヒューストン（米）……9.8	125. ダラス（米）……6.8	167. 長沙（中）……5.0
41. ザグレブ（クロアチア）…13.2	85. イスタンブール（トルコ）…9.8	126. 香港（香港）……6.7	167. 昆山（中）……5.0
42. アトランタ（米）……13.0		127. コンヤ（トルコ）……6.6	167. ヨハネスブルグ（南ア）…5.0
42. 東莞（中）……13.0		129. グアダラハラ（メキシコ）…6.5	（2020 年 9 月現在）

出典：日本展示会協会

重要視し、見本市会場の建設に力を注いできた。その結果、見本市会場の数も規模も圧倒的に巨大になり、開催本数も飛躍的に増えた。この流れは、20～30年前からアジアに及び、特に中国は巨大会場を次々と建設。2017年、上海は既存の20万㎡の会場に加えて40万㎡の会場を新設し、一つの都市で60万㎡の展示面積を誇る世界最大の「見本市都市」にのし上がった。

また、15年ほど前からは、ロシア、インド、ブラジルが、近年では韓国が強力に見本市を推進し、巨大会場を次から次へと建設している。

それに比べ、日本では見本市産業育成の重要性の認識が十分でなく、見本市会場の建設が遅れ、数も規模も大きく見劣りする状況である。当然ながら見本市の開催件数も、規模も不十分である。

例えば、日本最大の会場東京ビッグサイトでも長年世界ランクの70～80位に位置していた。ここ3～4年で数回拡張し、展示面積が11万8,000㎡にまでなったが、それでも世界ランクでは48位にすぎない（【図表-26】参照）。

各国の見本市会場 総面積の比較

見本市会場の総面積を各国で比較すると、中国843万㎡、アメリカ685万㎡、ドイツ323万㎡に対し、日本は43万㎡である（【図表-27】参照）。

日本を「見本市大国」にするための提言

私が見本市Organiserの仕事を始めた当時、見本市の主催者を大別すれば、東京モーターショーを主催する日本自動車工業会をはじめ各業界団体が約7割、日本経済新聞をはじめとする大手新聞社が2割、各種専門雑誌社や政府系団体、リードのような私企業が残りの1割を占めていた。20年後の2006年、リードは年間約40本の見本市を開催する日本最大の主催者に成長した。世界中の見本市を視察し、国際会議に参加するたびに、「資源のない日本こそ、世界中から人・物・情報が集まり、ビジネスが活発に行われる国になるべきだ。そのためには見本市が盛んな国にならねばならない」ということを確信するようになった。

日本の展示会産業は、この10年大きく前進したが、世界の国々のスピードはもっと速かった。その差は一体どこから来るのか？ 私はリード エグジビション ジャパ

ン社長としての33年間、そして日本展示会協会会長としての10年間、さまざまな経験を通して、数多くの日本の課題を痛感してきた。その中で、もっとも重要かつ緊急を要する課題を解決し、日本を見本市大国にするために必要だと考えることを3つ提言したい。

①日本も見本市を推進する法律を制定すべきである。というのは、新しい産業を大胆に創造し、迅速に発展させるためには、政治・行政がその重要性を理解し、スピード感をもってその産業を推進する法律を制定することがいちばんの早道だからだ。中国が一気に世界最大級の見本市大国にのし上がった背景には、5カ年計画に基づき見本市推進法が定められたからだ。

　日本ではMICEを表す時、「国際会議などに代表されるMICE」というが、私は「見本市、国際会議などMICE」と言うべきだと考える。国会議員や官僚がMICEという言葉を聞くたびに「見本市」を深く意識するようになり、それが法律制定に結び付くことを願っているからだ。

【図表 -27】世界各国の見本市会場の総面積

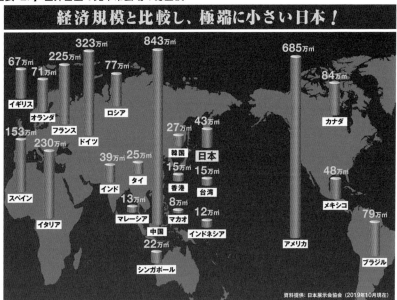

出典：日本展示会協会

②日本の見本市会場の展示総面積を世界水準並みに拡大することである。日本展示
　会協会のパンフレットに掲載されている「日本の会場拡大 計画図」では、「現在
　の展示総面積43万㎡を、2025 ～ 2030年の間に4倍の170万㎡に拡大する」としてい
　いる。なぜ大規模な会場が必要かというと、見本市には、1つの業界の何千もの
　競合他社が国内外から出展し、そこに世界中のバイヤーが集まることが「売り」
　だからだ。そのためには会場が巨大であることが必須条件である。逆にいうと、
　会場が大きければ大きいほど、出展企業や製品が比例して多くなり、来場するバ
　イヤーにとって選択肢が増え、見本市の魅力が増す。

　　日本では会場の稼働率を気にするが、海外では会場に空きが出たとしてもあま
　り気にしない。会場に空きがあれば、新しい見本市を次々と受け付けることがで
　き、経済効果も比例して大きくなる。

③すべての見本市が、出展社や来場者を儲けさせ、開催都市に経済効果をもたらす
　ことである。あらゆる商売の成功の法則は「お客を喜ばせ、儲けさせること」で
　あり、見本市も例外ではない。

　　つまり、出展社を1社でも多く集め、商談目的のバイヤーを1人でも多く来場さ
　せ、会場でビジネスを活発に行ってもらう。それによって出展社には売上を上げ
　てもらい、来場者には適切な価格で、優れた商品を買ってもらうことだ。

　　もし、日本中の大小何千本もの見本市が、このような商売の鉄則に従い、出展
　社や来場者を儲けさせ、開催都市に経済効果をもたらすなら、政治家、官僚など
　が見本市の価値を今までよりも明確に認識し、さらにはマスコミ、一般の人々の
　関心も高まり、見本市への支持を強めてくれると確信する。

　　見本市産業を大きく発展させたいならば、まずは自分の商品である見本市の価
　値を高めることである。私共をはじめ、日本中の見本市関係者はこの鉄則を忘れ
　てはならないと考える。

　さて、筆をおく前に、最近話題となっている「コロナと見本市」の問題につい
て、私の考えを少々述べさせていただきたい。

　コロナも大災害もいつか必ず終わる。そして「見本市の価値」がもっと認識され
る。

人類は何世紀にもわたって、大災害や感染症の攻撃を受けてきた。100年前のスペイン風邪では、世界中で数千万人もの死者が出たし、2003年には新型肺炎SARSによって、多くの見本市が中止になった。さらに、東日本大震災では、日本中の見本市・イベント、そして結婚式でさえ、1カ月以上にわたってすべて中止になった。しかしながら、これらの災難は終わりを迎え、見本市は必ず再開されてきた。

今日は2020年9月17日であるが、コロナ禍の中にあっても、私共リードは8月9日から神戸より始まって、東京ビッグサイト、インテックス大阪、名古屋、幕張メッセで計30本もの見本市を盛況のうちに開催することができた。もちろん、感染予防対策とバイヤー誘致活動の二本柱を徹底して行った。その結果、予想以上にバイヤーが来場し、出展企業から満足と喜びの声を多数頂戴した。

「オンライン見本市」は、現在の見本市の代替になるか？

今までの、いわば「リアル見本市」の最大の特長は、各ブースで商品を手に取り、直接価格交渉や開発相談を行えることだ。また、バイヤーは会場を自由に歩き回り、新しい会社や商品に偶然出会うことができ、そこから新たなビジネスが生まれることである。

一方、最近コロナ禍による見本市の中止が多くなった結果、オンラインのみによる製品紹介や売買交渉の可能性を探る動きが大きく叫ばれ、実際に「オンライン見本市」として開催されていると聞く。

それでは、「オンライン見本市」は「リアル見本市」の代替になり得るのか？主催者にとって見本市はビジネスであり、中止になった「リアル見本市」の損失を補うために、ありとあらゆる方法を模索することは当然である。もし、オンライン見本市が効果的に機能し、完全に「リアル見本市」の代替となるならば、それはそれで喜ばしいことである。しかし、現在のところ私個人には代替となるという確信を持つことはできない。別のビジネスモデルのような気がする。

ただし、極めてクリエイティブで天才的な人間が出現し、オンライン見本市を優れたビジネスモデルとして確立し、リアル見本市の代替となる可能性は否定できない。

（2020年9月17日現在）

著者プロフィール

石積 忠夫（**いしづみ ただお**）

（一社）日本展示会協会 名誉会長

リード エグジビション ジャパン（株）名誉会長

新潟県長岡市出身。慶應大学法学部卒。

日本企業のアメリカ駐在などを経た後、1986年、リード エグジビション ジャパン（株）の設立とともに代表取締役社長に就任。以後、33年間にわたり社長を務め、見本市に対する強い情熱と新しい手法により、次々と見本市を創り出し、2019年には年間231本の見本市を開催する、日本最大の主催会社に成長させた。さらに、2009年には（一社）日本展示会協会の会長に選出され、「見本市が日本経済を発展させる」との信念の下、5期10年にわたって会長を務め、日本の見本市産業の拡大に貢献した。現在も精力的に活動を続けている。

MICEにおけるライブエンタメとは

　MICEにおける「E」に本書は、地域やMICE施設にとって重要な市場であるライブ・エンターテインメントを含めている。ここではコンサート及びステージ市場について取り上げる。

一期一会を体験できる非日常の場

　MICEにおけるライブ・エンターテインメント（以下、ライブエンタメ）にはコンサート、ミュージカル、オペラ、演劇、歌舞伎、能・狂言、演芸、バレエ・ダンス、プロスポーツ、Eスポーツ、サーカスなどが含まれる。

　これらライブエンタメに共通するのは、会場でリアルなアーティストや出演者たちを目の当たりにし、その時その場限りのいわば一期一会を体験できることである。また、偶然同じ会場に集まった人たちだけが解放感やお祭り的な雰囲気といった「非日常」を感じられることである。

コンサート及びステージ市場は過去10年で倍増

　日本におけるライブエンタメ市場は、近年飛躍的に拡大している。特に、コンサート及びステージ市場[1]は【図表-28】のグラフを見ればわかるように、2010年から2019年の10年間に倍増した。2019年の市場規模は、統計を開始した2000年以降で最高の6,295億円（音楽コンサート市場4,237億円及びステージ市場2,058億円の合計）、前年比7％増を記録した。

1.コンサート及びステージ市場の数値（P186〜P189）、【図表-28】ライブ・エンターテインメントの市場規模の推移（P187）、【図表-30】会場規模別公演回数（P188）はすべてライブ・エンターテインメント白書より。

【図表 -28】ライブ・エンターテインメント市場規模の推移

単位：億円

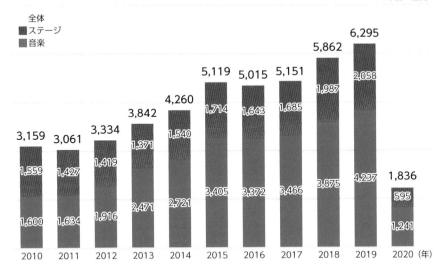

全体
■ ステージ
■ 音楽

※ここでのライブ・エンターテインメント市場規模は、音楽コンサートとステージにおけるパフォーマンスイベントのチケット推計販売額合計
※2019年速報値、2020年試算値

次に、コンサートとステージ別に市場を見てみる。

コンサート市場について

2018年のコンサート市場規模は3,875億円（前年比11.8％増）。動員数は大幅増、動員1人当たり単価も増加し、市場は拡大を続けている。引退発表した安室奈美恵、デビュー20周年の嵐、デビュー30周年のB'zなどのスタジアム・アリーナツアーが大盛況だった。

翌2019年のコンサート市場規模は、前年比9.4％増の4,237億円と推計される。収容人数数万人規模以上のスタジアム等での公演回数が増え、2020年12月31日をもって活動休止した嵐を筆頭に、サザンオールスターズ、乃木坂46、三代目J SOUL BROTHERS from EXILE TRIBE、AAAなど動員数増に大きく貢献した。

【図表-29】と**【図表-30】**は、2012年から「スタジアム・アリーナ」での音楽コンサートの動員数が急激に増えていること、会場収容人数3万人以上の公演回数が増

えていることを示している。

【図表 -29】各会場規模別動員数

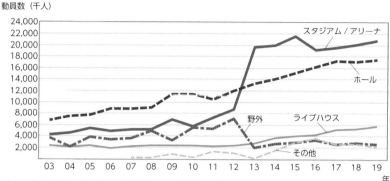

出典：一般社団法人コンサートプロモーターズ協会資料

【図表 -30】会場規模別公演回数

(回)

会場収容人数　　　年	2013	2014	2015	2016	2017	2018
1,000 人未満	35,547	40,164	40,101	46,910	44,485	42,961
1,000 ～ 10,000 人未満	14,249	13,359	14,845	15,752	15,119	15,570
10,000 ～ 30,000 人未満	733	704	831	775	748	763
30,000 人以上	181	167	265	230	315	384
合計	50,710	54,394	56,042	63,667	60,667	59,678

多くの施設が開場　ステージ市場

2018年のステージ市場規模は1,987億円（前年比17.9%増）。ミュージカル等において動員数の増加及び1人当たり単価が上昇し、市場の成長を促した。2017年3月オープン「IHIステージアラウンド東京」で上演の劇団☆新感線「髑髏城の七人 花鳥風月」、また「メタルマクベス」、2018年8月オープン劇団四季専用劇場「キャッツ・シアター」などのロングラン公演が良い例だ。

2019年のステージ市場規模は、前年比3.6%増の2,058億円と推計される。収容人数1,000 ～ 2,000人規模の会場での公演回数が増加した。

また、2019年にはライブエンタメの市場を広げる次の施設が開場した。▽2月：劇場型文化集客施設クールジャパンパーク大阪（大阪市、WWホール1,138席）▽9月：高崎芸術劇場（高崎市、2,027席）▽10月：渋谷公会堂（渋谷区、1,956席）▽11月：豊島区立芸術文化劇場（豊島区、1,300席）▽12月：熊本城ホール（熊本市、2,304席）

新型コロナウイルス感染拡大で2020年2月以降、多くのライブエンタメが開催中止や延期となった。2020年の市場規模は、過去最高を更新した2019年から一転、3割にも満たない水準になるとの試算がある。2021年1月に発令された2回目の緊急事態宣言解除後も、さまざまな制約が予想され、市場の回復にはかなりの時間を要すると思われる。

ライブエンタメ市場の変遷

コロナ禍の前までライブエンタメ市場が拡大してきた背景には、さまざまなジャンルの中で新たな試みが次々となされ、観客を引きつけてきたことがある。

例えば、劇団四季が仮設劇場をつくって「CATS」のロングラン公演を始めたり、会場をローラースケート場に見立てた「スターライトエクスプレス」や"筋肉で音楽を奏でる"「マッスルミュージカル」が流行したり、サーカスを突き詰めたとも言うべき「シルク・ド・ソレイユ」が日本で上演されたりするなど、時代を代表するライブエンタメが生まれてきた。

近年は、鑑賞型から参加型や体験型への変化が見られるようになった。ロックフェスティバルでは、音楽を聴くだけでなく、来場者たちが話しながら食べたり飲んだり写真を撮ったりする。2.5次元ミュージカルでは、出演者と交流する。脱出ゲームは参加者が主役になるイベントだ。テレビを見て受け身で楽しんでいた形態からインターネットを利用して誰もが気軽に情報を発信して楽しむ形態に変わったように、ライブエンタメも鑑賞するだけでなく、来場者も参加してイベントを楽しむようになったといえる。

コンテンツだけではなく、ライブエンタメの運営方法にも変化が見受けられる。

かつては、ブロードウェイやウエストエンドの大型ミュージカルは、巨大で特殊なセットの設営などの仕込みと撤去だけで数週間を要するため、専用劇場や長期間占有できるごく一部の劇場でしか上演することができなかった。

その打開策として、劇団四季は「シアター・イン・シアター方式」を採用した。劇場とは別の場所で舞台装置を組み立て、小さなユニットに分割し、上演する劇場内で分割したユニットを組み立てる方式だ。短期間で舞台設営作業を終えられるようになったため、これまで上演できなかった都市での公演が実現可能になった。

また、劇団四季は2010年8月、「劇団四季ギフトカードサービス」を導入することを発表した。日本のライブエンタメ業界では初めてで、劇団四季のウェブショップや全国の劇場などにてチケットを購入する際に利用できるプリペイドカードの発売がスタートした。

ライブエンタメに欠かせない施設は、大型化が進んだ。1988年に開場した東京ドームは首都圏最大級の多目的利用ホールとして、自治体や観光協会主催の物産展、大手企業の新製品展示会など見本市の会場として使われてきた。ライブエンタメでは、外タレやアイドルのコンサート、イベントの舞台となったのはよく知られるところである。地方の大都市に建築された同様のドーム球場は現在、見本市やコンサート、イベント会場として利用され、地域のランドマークであると同時に地域のライブエンタメの中心としての役割を担っている。

80年代以降、首都圏では東京ドーム以外に大型施設が完成し、多数の来場者を集めるコンサートやスポーツが開催され、ライブエンタメ市場の成長に大きく貢献してきた。

ライブエンタメが重要である2つの理由

ライブエンタメ業界が重要産業であるのは、まずその経済効果にある。コンサートを例にとれば、チケット代、交通費、宿泊費、飲食代、会場でのグッズ購入などの消費がある。コンサートの主催者も、会場のステージ設営、警備、グッズ製作、アーティストが泊まる高級ホテルの手配などをイベント関連企業へ依頼し、そこにビジネスが生まれる。2019年は、チケット料金売上だけで6,000億円に達し、経済波及効果を含めるとその数倍になる。また、ライブエンタメは、コンベンションや

商業施設などのジャンルを超えたものと一体となって拡大を続け、点ではなく面で収益を上げるビジネスモデルが確立されつつある。

さらに重要なのは、ライブエンタメが、人間らしく生きていくのに欠かせないものであることだ。2011年の東日本大震災でライブエンタメは、傷ついた人々の心を癒やした。2020年からのコロナ禍でライブエンタメは封じられたが、そのことは逆にライブエンタメが決して「不要不急」のものではないことを多くの人に再認識させた。

ライブエンタメの未来に向けて

アメリカやイギリスでは次々と高いレベルの新しいアーティストやコンテンツが誕生し、世界に活躍の場を広げている。さらに韓国は21世紀に入って急速に海外市場への進出を遂げた。映画『パラサイト 半地下の家族』が米アカデミー賞作品賞を受賞したり、BTS（防弾少年団）が全米ビルボードのヒットチャートで首位を獲得したりするなどの活躍を見れば一目瞭然だ。日本のエンタメ業界の現在の課題は、世界進出である。

幸いなことに、世界進出への足掛かりとなる海外へのコンテンツのアピールに大きな役割を果たすライブエンタメの大規模な会場は、近年になって充実しつつある。

首都圏では、2020年までに有明アリーナ、東京ガーデンシアター、ぴあアリーナMMが開場し、さらに、数年後に竣工予定のKアリーナプロジェクトによる2万人規模の音楽アリーナ（横浜市みなとみらい21地区）やその他にも計画があり、ライブエンタメ施設は充実してきたといえる。

ライブエンタメビジネスは、衰退することのないグローバル産業だ。現在、日本のマーケットに対して、欧米だけでなくアジアのライブエンタメ業界が狙いを定めている。この動きに対抗するためには、充実してきたライブエンタメ施設のコンテンツも充実させること、すなわち、産・学・官が協力して日本のライブエンタメ業界を世界に通用する強い産業に育て上げなければならない。

観客をよき旅に誘う「プロモーター」の仕事とは

株式会社キョードーファクトリー 代表取締役社長

前田 三郎

　私たち興行界にはプロモーターとかイベンターという業種が存在します。

　プロモーターとは、昔の座主や興行師のことです。作品を制作したり、あるいは作品を買い付けたりして自分の劇場あるいは他の劇場で公演を行う。さらに、宣伝をする、チケットを売る。売れればプロモーターの利益、売れなければプロモーターの損失。つまり、興行の全責任がプロモーターにあるわけで非常にわかりやすいビジネスです。

　近年、イベンターという職種の人たちが現れてきています。これは歌い手や演じ手の事務所、レコード会社やメディアの事業局などが興行の主催者になることが多くなり、チケットの販売やコンサート会場の運営などの実務をイベンターが受託するといった形のビジネスです。

　一見、プロモーターと似てはいますが、興行のリスクを誰がとるかという点が決定的に違うのです。最近では大型興行になると数社で「実行委員会」を作って興行を行うなど、リスクの分散も図られています。私たち興行の世界もビジネスの形が変化してきているのが実情です。

「必ず人の役に立っている」仕事だから

　昔は、ブロードウェイやウエストエンドに芝居やミュージカルを見に行ったり、アクターズスタジオで研修したりしました。アメリカでは俳優やスタッフの多くは大学や専門の学校を卒業しています。役者や演出家を育成するプログラムがしっかり確立しており、学校で映画・演劇の演技、ミュージカル、音楽、バレエ、モダンダンス、タップなどの実技、論理をひと通り学ぶことができるからです。

　育成プログラムの中でもいちばん大事なのは、エンターテインメントに関わる仕事の社会的意義をきちんと教えていること。私たちの仕事はただ笑わせたり、泣かせたりすることが目的ではなく、観客に感動を与え明日への勇気や希望を抱いてもらうことが本当の目的なのです。「必ず人の役に立ち、ちゃんと世の中のためになっている」仕事なのです。

　マスメディア、つまり4マスと言われるテレビ、ラジオ、新聞、雑誌は、大量に情報を上から降らすメディアです。最近では、ボトムアップ型のSNSなどにも情報が溢れかえっています。どちらもニュースや広告を流すにはとても有益で効率的な現代の情報ツールです。

　でも“想い”を伝えるツールはあまり聞きません。私はそれが劇場だと考えています。マスメディアに対してスモールメディア。“見て”“聞いて”“感じる”メディア、感動を共有するためのメディアです。しっかり物語や想いを伝えることができ、感動を共有するためだけに生まれた“小さい”けれど“濃い”メディア、それが劇場なのです。

プロデューサーは橋の設計士

　私は「舞台のプロデューサー」という肩書で紹介されることが多いのですが、この仕事は「橋の設計士」だと思っています。川の向こうにいる観客に想いを伝えるために舞台との間に橋を架けるのです。原作を読んで企画立案、脚本家・演出家などのスタッフィング、そしてキャスティング、どれをとっても手を抜けない仕事です。照明や音響、大道具や小道具、衣装やヘアメイクなどスタッフの存在も欠かせません。つまり、橋のこちら側にある想いや物語を誰（俳優）にどうやって（演出）渡してもらうのかを設計するのです。橋の向こう側にいるのが観客。想いを受け取った観客はそれぞれが想像を膨らませ旅をします。

　でも、それだけではプロデューサーとはいえません。制作費の計算も重要な仕事です。劇場費、ギャランティ、スタッフの人件費、稽古費、宣伝費などの総額を予算化してからチケット代を決定します。どんなに素晴らしい公演でも赤字に

なっては仕方ありません。チケット販売も大事な仕事です。お金をかけて宣伝するのは簡単ですが、使えるお金には限りがあります。だから、セールスマネジメントやマーケティングの知識が必要になります。それらの仕事が全部できるのが本当のプロデューサー。そうでないと橋が落ちてしまいます。

　エンターテインメントの世界で必要なのは、一つの意志を持ち、その意志を貫けることです。そのためには心も体も健康であることが大事です。おごることなく社会を見つめ、時代に必要なものを抽出して、それを物語に埋め込んで、芝居、映画、テレビ番組を作り上げる。そこに観客が求めているものがあれば見終わった時、「ああ、よかったな」となります。観客によき旅をしてもらうこと、これが私たちの仕事です。

日本発のユニークな国際競技会事例

株式会社イベントアンドコンベンションハウス
営業企画部長　椿 和順

　日本スペシャルティコーヒー協会（SCAJ）は、日本独自の喫茶文化として人気のあるサイフォン式コーヒー[1]を世界に広めるため2009年、日本発の国際競技会として「ワールド サイフォニスト チャンピオンシップ」をスタートさせた。2003年から国内で行われていたサイフォン競技会を発展させたもので、スポーツや学問の分野ならいざ知らず、コーヒーという特定分野で、しかもコーヒー後発国の日本が始めた国際競技会の事例は非常に珍しいといえる。

　2007年、国際的なコーヒー競技会「ジャパン サイフォニスト チャンピオンシップ」がアジアでは初めて東京ビッグサイトで開催された。SCAJが主催したコーヒーの国際カンファレンスの中の一つの催事として盛大に開催され、日本におけるバリスタブームに一役買うことになったことも、日本発のコーヒー分野での国際会議スタートを後押しした。

　「ワールド サイフォニスト チャンピオンシップ」は最初の数年は各国代表を日本に招いて開催したが、2016年には韓国・ソウル、2017年には台湾・台北で、各国コーヒー協会と協力して世界大会を開催し、アジア圏を中心にサイフォンコーヒーの魅力を普及啓蒙する目的を着実に果たしてきた。

　2018年は再び東京で記念大会を開催した後、2020年の大会は、近年アジアにおける高品質コーヒーの生産地として存在感を増す中国・雲南省のプーアル市で開催することが決まっていたが、COVID-19の感染拡大により開催延期となった。味や香りの審査はオンラインでは不可能である。今は、タイやシンガポール、オーストラリアといった地域でも開催に向けた折衝を行っている。

1.フラスコ内で水を沸騰させることで、気圧の変化を利用し湯を漏斗に移動させ、湯にコーヒー粉を浸漬させる抽出法。

2016年の韓国大会

2017年の台湾大会

「ワールド サイフォニスト チャンピオンシップ」はまず、参加各国・地域が国際ルールに従い予選、決勝大会を行う。優勝した各国・地域のチャンピオンが世界大会の舞台に結集する。競技では、各選手が15分の持ち時間内にサイフォンで抽出したブレンドコーヒーと、サイフォンコーヒーを使った創作ドリンク「シグニチャービバレッジ」の、2種類のドリンクを3人の審査員にそれぞれ提供する。

　サイフォン競技会の見どころは何といっても、オレンジ色の熱源に美しく照らされた独特な形のガラス器具を素早く縦横無尽に操るサービス技術の華やかさである。しかし、競技会を通じてさまざまな技術と知識を蓄積してきた結果、現在ではそれ以上に、熱源管理による抽出温度と抽出時間の正確なコントロール、短い浸漬

時間の間にコーヒー粉とお湯をヘラで攪拌してなじませる繊細な技術など、サイフォンならではの抽出理論に世界から注目が集まるようになった。日本独自の喫茶文化が国際的な舞台を通じて、さらなる進化を遂げた結果だといえる。

「ワールド サイフォニスト チャンピオンシップ」の運営は、2003年のSCAJ発足以来、SCAJ主催のカンファレンスや国内競技会の運営を担当してきた株式会社イベントアンドコンベンションハウス（近畿日本ツーリストグループのイベント運営会社）が担っている。国際競技会の立ち上げには、海外イベントで通常必要となるフライトや宿泊の手配といった準備に加え、ホスト国の募集、各国の関連団体との折衝、ルールの整備、ローカル大会のサポート、国際審査員の養成といったことまでかなり専門的で複雑なやり取りが生じる。SCAJと運営会社が長年の協力体制の下培ってきた関係やノウハウが基盤となり、このようなユニークな国際競技会の開催が実現した。

第7章

次世代MICE

2020年、世界的に流行した新型コロナウイルス感染症（COVID-19）は、MICEに多大な影響を与えた。感染拡大防止のため、開催が中止・延期されたり、人数制限が加えられたりした一方、オンライン開催への転換が始まり、その後、リアルとオンラインの特徴を活かした融合型のハイブリッド型MICEが急拡大している。

　本章では、VR（仮想現実）やAI（人工知能）などの技術革新が次世代MICEに与える質的な変革やコミュニケーションの多様化を展望する。さらに、オンライン開催やハイブリッド開催のMICEの実例を示し、利点・課題などを探った。

　また、MICE運営のICTソリューション「EventsAIR」を展開し、脚光を浴びるオーストラリアのCentium Software社CEOトレバー・ガーディナー氏をオンラインでインタビューし、withコロナ時代のMICEについて聞いた。

MICE開催形態の多様化

新型コロナウイルス感染症の影響で、MICEの開催形態の多様化が進んでいる。従来通り、特定の会場に参加する「オンサイト（リアル）」型、インターネットを使った「オンライン（バーチャル）」型、さらにその両者を融合させた「ハイブリッド」型が主たる開催型である（【図表-31】参照）。

【図表-31】MICEの3つの開催型

開催型	オンサイト（リアル）	ハイブリッド	オンライン（バーチャル）
参加方式	特定の会場に参加	特定の会場に参加とオンライン参加の両方	オンラインで参加

「オンライン」という言葉の代わりに「バーチャル」という言葉を使うこともあるが、バーチャルという言葉は、アバターなどを使った仮想現実を指すことがあるため、ここでは、混同を避けるため「オンライン」という言葉を用いることとする。

上記3つの開催型は大まかな分類であり、実際のMICEでは、3つの型がふくそうしている。例えば、オンライン開催でも、主催者、司会者、あるいは発表者の一部が特定の会場に集合し、発信拠点を設置して、司会者らが発信する放送局方式（またはスタジオ方式）がある。また、オンライン配信の配信には、リアルタイムで動画を配信するライブ配信と、利用者の要求に応じて随時配信するオンデマンド配信がある。

現在、次世代MICEとして、オンサイトとオンラインの特徴を活かした融合型の「ハイブリッド」型が主流になってきており、その進展の方向性について、技術・基盤の進展と、コミュニケーションのニーズの観点から考察する。

基礎技術が応用技術に進展

1. 通信の高速化と端末の小型化

　　5Gの普及といった通信速度の高速化とコンピューター処理能力の向上による端末の小型化、タッチパネルといったユーザー・インターフェイスの普及は、MICEに参加するユーザーのツール、コミュニケーションを行うメディアとして大きな恩恵をもたらし、先に述べたコロナ禍での社会的な要請と合わさって、次世代MICEを形成する技術であり、また基本インフラとして機能するようになると期待される。

2. VR（仮想現実）

　　VRはさまざまな場面へ適用されてきている。会場に適用すること（バーチャル会議・展示会）も、発表者に適用すること（アバター等）もできるが、部分的なもの、演出的なものを含めると、コンピューターが生成する像とリアルな像とを融合することは、自然なものとして受け入れられつつある。バーチャルな事例として以下のようなものがある。

▶発表者（出展者・演者など）のバーチャル参加（アバターなど）、バーチャル内フレーム参加など。

▶聴講者のバーチャル体験（五感）が高度化（発表者・出展者との交流含む）。

▶ホログラムを用いた擬似的スペースでの交流。

▶多様なデジタル表現（動画、スライドショー、PDF文書、テキストまたは音声によるチャット）とそれを用いたコミュニケーションの充実。

▶質疑や名刺交換など（リアル・デジタルでの）やり取りや体験の記憶・記録を容易に保存。

3. AI（人工知能）

　　近年の技術進展として特筆すべきことはAIである。大量のデータを基にコンピューターが学習を行い、人の判断に近い制御を行う「機械学習（Machine Learning）」手法などは、MICEを含むさまざまな分野への応用が期待される。AIのMICEへの適用可能性は無限大である。現在の適用例を挙げる。

▶発表者、司会の進行に沿った自動スイッチング（カメラやマイクなどの切り

　換え）

　▶状況に応じた自動演出（照明、その他）

　▶質問への一時対応、質問のグルーピング（特徴抽出、整理）

　▶自動通訳・翻訳

多様なコミュニケーションのニーズ

　MICEは、直接性、双方向性を備えた"コミュニケーションの場"である。すなわち、専門家や当事者から直接話を聞くことができる、直接モノに触れることができる、専門家や当事者と相互に意見交換できるなど、リアルでタイムリーな情報交換や体感を得られることがMICEの特典であり醍醐味である。

　今後は、「リアル性」「タイムリー性」を確保した多様なコミュニケーションが発展していくニーズが根強くある。以下は、現在、オンライン開催の中にさまざまなコミュニケーション手法が適用されている場面である。

　▶質疑（１対１の対話、1対多の対話）

　▶展示会（１対１の対話、1対多の対話・プレゼンテーション）

　▶交流会（１対１の対話、1対多の対話）

　▶表彰式・アトラクション（臨場感創出、双方向性が求められる）

ハイブリッドシーンの一例

　ハイブリッドは、単に、参加者がオンサイト（現地参加）であれ、オンラインのいずれでも参加可能になる、ということにとどまらない。例えば、現地で参加するユーザーがスマートフォンやタブレットのアプリを使

用しながら、参加しているセッション以外のプログラムの進行状況を確認したり、各セッションや講師・講演内容の個人メモをまとめたり、講師や主催者へ質問を送付したり、直接またはオンラインの面談の予定を入れたりと、オンラインツールやメディアを最大限活用したMICE参加が一般的なものとなってくることが予想される。

　このように、新型コロナは、IT&AIテクノロジーを大いに利用する次世代MICEの登場を早めた。

大型医学会のハイブリッド開催事例

コロナ禍で導入が進んだMICEのオンライン開催、ハイブリッド開催では「参加者数」の増加など変化が見られるようになった。

2020年10月にハイブリッド形式で行われた国内医学会では、参加登録者数のうち25%を占める1,500人近くがオンライン参加登録であり（**【図表-32】**参照）、オンライン参加の需要が高いことがうかがえる。

【図表-32】

カテゴリー	登録人数	うちオンサイト参加人数
事前参加登録	3,194	1,111
オンライン参加登録	1,479	388
現地参加登録	305	305
招待者	149	149
協賛企業	743	743
合計	5,870	2,696

新型コロナウイルス感染症の流行初期（2020年6月）に行われた国内医学会は完全オンライン開催となったが、従来は会員の約27％にとどまっていた参加者数が、オンライン開催では50%超まで伸びた。

また、2021年3月に開催された過去最大級のハイブリッド型医学会では、参加登録者数が約1万5,000人。リアル参加者は約1,000人、オンライン参加者は1万4,000人で総視聴は約10万アクセス以上あった。

オンライン配信の舞台裏

大規模学会の完全オンライン開催事例

新型コロナウイルスのパンデミックで多くの学会が中止・延期となった。その中で公益社団法人日本皮膚科学会は2020年6月4日〜7日まで京都国際会館で開催予定だった第119回日本皮膚科学会総会を同日程で完全オンラインで実施した。この時期、珍しかった大規模学会の完全オ

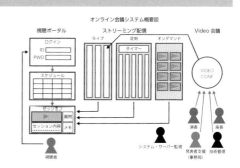

ンライン開催はどのようなものだったのか。

日本皮膚科学会総会は、日本皮膚科学会が年に1度開催する約5,000〜6,000人規模の学術集会である。第119回はスポンサーセッションを含め、100以上のセッションが予定されていた。総会のオンライン化が決定されたのが、ゴールデンウィーク前。実質3週間ほどで、同時並行12トラック・計180セッションをオンラインで実施できるように準備した。

主催者からは、リアルの会場で計画していた実施形式をオンラインでも可能な限り維持したいとの要望があった。また、聴講者に公平に単位[1]を付与する必要があるセッションについては定刻開始が必須条件だった。このため、オンライン上での実施方法を①会期中のある時間から定刻配信する1回限りの「オンタイム」形式②会期中あるいは会期以降の一定期間に、何度でも視聴が可能な「オンデマンド」形式③双方向でのコミュニケーションが図れる「ライブ」形式の、3つの形式に整理した。ランチョンセミナーやイブニングセミナーも、この3つの形式に当てはめ、実施した。

単位に関わるセッションにおいては、単位取得に影響が出ないよう参加者が時間通りにログインができることが重要である。このため、事前にオンライン開催に係

---

1. 医師免許制度に加え「認定医・専門医」制度というものがある。医師の診察を受ける際、背後に「○○認定医」「○○専門医」という証書の額を目にした人もいるだろう。「認定医・専門医」になるためには一定の単位が必要で、学会の指定セッションに出席すると一定単位を取得できる。

る資料を案内し、数日前からテストログインができる環境を提供した。

　学会では双方向のコミュニケーションが重要であるので、各セッションにおいて、聴講者がチャット形式で質問できる形式をとった。当該セッションを取りまとめている座長が聴講者からのチャットの質問を選択して講演者に伝え、それに回答しながら進めた。

　発表資料の撮影や録画については、完全に禁止することは難しい。視聴者のログイン画面に、「録音・録画に関する禁止事項に同意します」という欄を設け、チェックをしないとログインできない形式をとった。

　リアルでの会議運営においても、基調講演後に参加者が分科会に移動する際、時間をかなり要し開始が遅れることがある。今回のオンライン開催においても、前のセッション終了が少し遅れ、次のセッションが定刻配信だったケースで、短時間にアクセスが集中し、サーバーをダウンさせるトラブルが発生した。サーバーが回復した際に、参加者が円滑にログインできるサポートを行うことで、大きな問題なく運営ができた。

　オンライン開催にあたって運営側が考慮しなくてはならないのは、安定して高速でアクセスできる回線の確保である。準備した回線が、24時間、常に一定の容量や速度を保っているとは限らない。特に、夕方はトラフィックが混むことがある。今回は、バックアップのために、複数の回線やサーバーツールで備えたが、当日ふたを開けてみると、繋がりにくい時間があった。オンライン開催は、リアルの会場開催より参加者は増える傾向があるので、サーバーへのアクセス負荷を事前に十分に想定し、備えることが重要になる。

　オンライン開催を実りあるものにするためには、主催者の方に「こういうことができないか」「こういうことをやってみたい」と自由に考えていただくことが重要である。運営者がそれに応えようとすることでオンラインの可能性が広がる。一方、大規模なオンライン会議の場合、膨大な個人情報保護を管理し、学会を安全に運営するための高度なセキュリティ環境が必要となるため、準備に相当な時間と労力が必要となる。事前準備の段階で、PCOが関与する部分と、主催者が主体的に動く部分の責任範疇を明確にしておくことも非常に重要だ。

　オンデマンド機能を活用すると、本来は同時に参加できなかった複数のセッショ

ンを後から聴講できることなどはオンライン会議の良い点である。しかし、世界的に権威のある著名な先生に実際に会え、講演を生で聴講することはオンラインでは経験できない。今後は、リアルとオンラインのハイブリッド開催が当面は増えると推測する。

国際会議の完全オンライン開催事例

　2020年9月8日から22日の15日間、2020横浜スポーツ学術会議がオンラインで開催された。この国際会議はオリンピックの開催年に開催国で行われ、スポーツ、体育、身体活動の専門家が一堂に会し、意見を交わす会議である。2020年初旬から世界に感染が拡大した新型コロナウイルスの影響を受け、東京オリンピック・パラリンピック競技大会は2021年に延期になったが、同会議は延期せず、2020年9月8日～11日の日程での横浜開催を同22日まで延長し、完全オンラインで行った。

　当初、基本的に事前収録もしくはオンデマンドでのオンライン開催のみを想定していたが、国際本部や国内組織委員会の強い希望で、国際本部と組織委員会の特別セッション、スポーツ庁長官とWHO（世界保健機関）の対談（市民公開講座として公開）の2セッションはライブ配信した（その後オンデマンド配信を実施）。また、会議の公用語は英語としていたが、ライブ配信の2つのセッションについては、東京のスタジオから日本語・英語のリモート同時通訳を行い、より多くの方にご視聴いただけるよう工夫した。オンラインにもかかわらず、活発なディスカッションが行われ、一堂に会することはできなかったものの盛況なセッションになった。

　その後、基調講演と海外講師によるセッションも、英語に加え日本語での吹き替え（ボイスオーバー）を行い、視聴者数の増加にもつながった。

　今回の会議では会期を延長したこともあり、四十数カ国から2,000人を超える専門家・学生の参加があった。充実した発表と活発な意見交換が行われ、新たな国際会議の在り方を示し、オンラインであっても専門家同士の交流やネットワーキングが可能であることが改めて確認された。

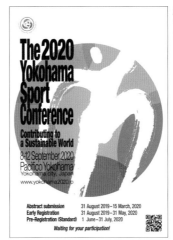

2020横浜スポーツ学術会議のポスター

国際会議のハイブリッド開催事例

2020年9月17日から10月20日までの約1ヵ月間、第69回日本アレルギー学会学術大会（海老澤元宏会長）が世界アレルギー機構（World Allergy Organization：WAO）と合同で「JSA/WAO Joint Congress 2020（世界アレルギー機構合同会議2020）」をオンライン及び一部ハイブリッドで開催した。国立京都国際会館にて9月17日から9月20日まで開催予定だったが、新型コロナウィルスの感染拡大により開催約3ヵ月前にオンラインでの開催が決まった。

サイト構築にあたっては、主催者の意向をうかがって打ち合わせを重ね具体化し、「参加者目線」を重視した。例えば、1951年のICA（International Congress of Allergology ／ WAOの前身）創立、1952年の日本アレルギー学会創立から今大会に至るまでの歴史をたどる動画を国際本部の協力も得ながら特別に制作し、オンライン開催特設ウェブサイトのトップに配置し、参加者の目を引くようにした。また、オンラインでも現地参加を感じて頂けるよう京都のプロモーション動画などもサイトのトップに載せた。演題発表の画面については、講演動画だけではなく事前登録されている抄録も閲覧できるようにした。

海老澤元宏大会長（独立行政法人国立病院機構相模原病院臨床研究センター）が座長を務めた、坂口志文・大阪大学免疫学フロンティア研究センター教授による基調講演と、アレルギー物質の共同研究者だった石坂公成・照子夫妻[1]の追悼行事を含む9月17日のオープニングセレモニーは、国立京都国際会館からライブ配信した。

各セッションは事前に演題発表の収録を行い、開催期間から約1か月間オンデマンドで配信した。会期が例年より長くなったことに伴い、参加者により多くの発表を視聴してもらうための工夫が必要になった。そこで、国内外から集まった762の一般演題の中から視聴者数の多いベストスピーカー賞を選んだり、本会のテーマ「For the Next Generation!」にちなみ、今後の研究が期待できる発表者を選出して、サイト上に公開した。

最終的に、約60ヵ国より5,500名を越える方々に参加いただいた。多くの参加者

1.石坂公成（1925-2018年）と妻照子（1926-2019年）はアメリカでも活躍した著名な免疫学者で、共にアレルギー機序を研究した。

がコメント機能を活用して交流した。通常の学会のように発表時間が重なって聴講できないということがなく、繰り返し視聴できるのでよかった等の意見も寄せられ、オンライン開催やオンデマンド配信の利点を再認識した。

オープニングセレモニーは、国立京都国際会館からライブ配信された。ソーシャルディスタンスをとったレイアウト

EventsAIR CEOトレバー・ガーディナー氏 インタビュー

　会議・イベント運営のICTソリューション「EventsAIR」を展開するオーストラリアのCentium Software社CEOトレバー・ガーディナー氏にwithコロナ時代のMICEについて聞いた。「EventsAIR」は、イベントプランナーのために設計されたリアル・バーチャル・ハイブリッドのイベント・会議を簡単に管理するプラットフォ　ムで、イベント・テクノロジー・アワード2020で最優秀イベント・マネジメント・プラットフォームに選ばれた（インタビューは2020年10月オンラインで行った）。

バーチャルへのシフトは続く

Q　コロナ禍が続く中、MICE業界はどう変化するとみていますか。どのような変化が一時的なもので、どのようなものが残ると考えますか。

A　まず、ワクチンが開発・発売されても、リアルの会議に一気に戻ることはないだろうと考えています。コロナ禍で航空業界も打撃を受けており、飛行機1機の搭乗可能人数は減り、航空運賃は高騰するかもしれません。その結果、企業・団体がリアルの会議に出席するための資金を出せるかという問題が生じます。また、あるリアルの会場の一定スペースが配信スタジオに転用されることが考えられるので、会場の収容可能座席数の削減という問題も生じるでしょう。

　おそらくさらに大きな問題となると思われるのは、イベント参加者の意識です。参加者が安心して大規模なリアル会議に参加するようになったり、バーチャル開催の恩恵を受けた人たちがリアルの会議に戻りたい気になったりするには、ワクチン開発より時間がかかるでしょう。故に、会議の運営方法に根本的なパラダイムシフトが起きると想定されます。

参加者のエンゲージメントを重視

　コロナ禍では、主催者は、自らメンバー向けにウェビナーを開催するなど従来行ってきたバーチャルイベントの機能を強化しました。このような状況下では、一時的にPCOの出番はありませんでした。しかし現在、ビジネスを再構築し、真に

高品質のバーチャル体験を提供するスキルセットを作り上げたPCO・イベント会社が成功しています。それが今後のバーチャルイベントへと繋がっていくと考えています。

バーチャルイベントの主催者は、参加者のエンゲージメント（視聴率・参加率）を重視します。8時間もコンピューター画面の前に座ってコンテンツを視聴しようとする参加者に対しては、イベントに長時間興味を持ち続けてもらえるコンテンツを提供しなければなりません。そのようなコンテンツ作りは本来、イベント主催者が身に付けるべきスキルですが、PCO・イベント会社は、「こうあるべきだ」という例を示さなければならないのです。

そのためにPCOは、魅力的なゲーミフィケーション（gamification：ゲームにのめり込むように人々を巻き込むこと）のような技術的なソリューションを試してみたり、イベントの構成を変えてみたり、大規模な全体会議ではなくよりインタラクティブなセッションで参加者の関心を高めたり、ネットワーキングを重視してみたり、と通常関与していなかったイベントのネットワーキングに力を入れるようになっています。PCO・イベント会社はネットワーキングイベントの場を提供していましたが、実際のネットワーキングには関与していませんでした。今は、ファシリテーターの役割を担うようになったのです。

参加機会を平等に提供

バーチャルイベントには素晴らしい参加の機会が生まれています。リアルのイベントに参加する余裕がなかったアフリカの若者、イベントのためにヨーロッパに行くことができなかったアフリカの病院の医師らに参加の機会を提供できるようになりました。コロナ禍で彼・彼女らは突然、すべてのインタラクティブなコンテンツにアクセスできるようになったのです。さまざまな事情で参加できなかった人たちがオンラインで参加できるようになったイベントは、例えばシドニーのコンベンションセンターで開催されるリアルの会議よりもはるかに大規模で、はるかに効果的なものになります。

ハイブリッドイベントは、コロナ以前にあった都市全体が会場となるような大規模な会議にはならないと個人的には考えています。おそらく、会場側はビジネスを

再構築する必要が生じるでしょう。ハイブリッドイベントでは、何千人もの聴衆を収容する大ホールを持つ大規模コンベンションセンターではなく、300 ～ 400人程度の会場のほうが好まれるでしょう。イベントには演劇的な要素がありますし、ライブの聴衆とバーチャルの聴衆との交流は素晴らしいものです。しかし、今後はバーチャルイベントが主流になると思います。バーチャルイベントはリーチ力があり大きく成長し、人々がリアルの会場に行きたいと思うことは少なくなるかもしれません。

ゲーミフィケーション（gamification）の重要性

Q ゲーミフィケーションとネットワーキングアウトリーチの重要性について話されましたが、そのためのツールをいくつか挙げていただけますか。

A 情報を一方的にダウンロードするだけのイベントは避けたい。では、オンラインの聴衆を巻き込むためにはどうすればいいでしょう。第一にアンケートです。これは、セッション中にフィードバックを得るのにとても良い方法です。

人々の注意を喚起し、興味を持たせることができます。議論を盛り上げるのに役立つライブ投票でも、プレゼンターにフィードバックを与えるライブ投票でもよいでしょう。

二つめの方法はライブＱ＆Ａ、実際に質問をしてオンラインイベントに参加してもらう方法です。1,000人のバーチャル参加者がいたとして、誰かが質問をしたいと思ったときに参加してもらうことで、物理的にイベントの場にいなくても、イベントに積極的に参加しているように感じてもらえます。

もう一つ、非常に人気のあるツールは、ディスカッションチャンネルやディスカッションチャットです。参加者同士でチャットをしたり、参加者と発表者が交流したりすることができます。

ゲーミフィケーションは、もう一つの"使える"戦術です。ソフトウエアが登場するずっと前のゲーミフィケーションの初期段階では、イベント参加者は会議のスタンプカードを持ち歩き、スタンプを押してもらい応募するというやり方でした。デジタル版パスポートは、イベントでさまざまなことをするとポイントを獲得できるようになっています。セッション・ライブ投票・ライブＱ＆Ａに参加すればするほ

どポイントを獲得することができるのです。ポイントは、参加者にとって価値のあるものに変換することができます。例えば、トップ10に入ったと認証されたり、ポイント数に応じて賞品が当たる抽選会に参加したり、獲得ポイントを商品やギフトカードと交換したりすることができます。イベントの種類にもよりますが、私はこれが非常に効果的に行われているのを見てきました。PCOが主催者の団体・企業といったクライアントと相談する際、予算項目になっているほどです。オンラインでは飲食に何千ドルも予算はいりませんが、ゲーミフィケーションのためのインセンティブ予算は必要になるでしょう。

オンラインイベントを継続的に開催し、人々の参加率を維持するためにもう一つの良い戦略は、実際のイベントと同じように、ライブの司会者を置くことです。セッションをライブで行い、バーチャルな参加者に司会者がインタビューをすることもあるでしょう。

経済面の成功で重要な投資収益率

イベントの経済面の成功において非常に重要なのは、出展者やスポンサーの投資収益率です。バーチャル技術の早期導入段階では、出展者やスポンサーは取り残され、コンテンツの配信に重点が置かれていました。出展者はネットワーキング機能やそれに伴うブランド認知度を提供されても、イベントの価値を得ることができていないと感じています。PCOやイベント主催者にとっての真の課題は、出展者に良い価値を与える戦略を立てることですが、その中には、出展者のブースに行くとポイントがもらえるゲーミフィケーションのようなものもあります。また、出展者が本当に欲しがっているもの、つまりリアルのイベントと同じようにバーチャルイベントにステージングエリアを設けて、出展者がタイムテーブルに沿ってプレゼンテーションを行うことができるようにしたり、参加者と繋がることができるようにしたり、優れた分析結果を得ることができるようにしたりすることです。バーチャルイベントのバックエンドには多くの分析機能があります。誰がパンフレットをダウンロードしてくれたのか、誰がバーチャルブースを訪れてくれたのかを知るだけでも、出展者にとって非常に有用なデータとなり、投資対効果を得ることができるのです。

バーチャルイベントの死活問題

Q ハイブリッドイベントを企画する際によくあるミスを教えてください。

A 私たち自身も多くのイベントを開催してきましたが、失敗もたくさんしました。最初のアドバイスとしては、勇気を出して実際にイベントをやってみることです。自分のためではなく、実際に聴衆を前にして自分がスピーチをしなければならないようなイベントをやってみると、得難い経験になります。

実際にやってみて私が得た教訓の一つは、人々は放送の中断を好まないということです。イベントの運営者はテレビのプロデューサーであらねばなりません。長い時間オンラインイベントに滞在してもらうためには、最後まで人々を楽しませ続けなければならないということを学びました。

第二の教訓は、必ずリハーサルをすることです。リハーサルをするとすべての不具合を修正できるので非常に良いイベントに繋がります。リハーサルをしない人は、余計な不安やストレスを感じ、何か問題が起きたときにどう対処したらいいのかわからなくなってしまうことが多い。インターネットの接続や照明・マイクのテストをして、ノイズが発生したりコンピューターの速度が低下したりしないよう事前チェックが必要です。

また、Wi-Fiの環境はバーチャルイベントの死活問題です。テストした時にはすべてがうまくいったのに、実際のイベントをWi-Fiで接続しようとしたら繋がらないということがありました。私は通常、発表者に有線接続を推奨しています。

アジェンダを正しく作成するためには多くの努力が必要です。伝統的なリアルの会議のアジェンダをそのままオンラインイベントに当てはめても、あまりうまく伝わりません。国際的なイベントであれば、時差がある海外の参加者を念頭に複数の時間帯に対応できるようにするにはどうするかを考えなければなりません。

現在運営中のグローバルイベントでは、主催者はセッションのいくつかを事前に収録して、複数のタイムゾーンで繰り返し流すように構成しています。2つのタイムゾーンにまたがるネットワーキングセッションもあります。そのイベントは1日24時間行われているわけではありませんが、1日に8時間以上のコンテンツがあります。これはオンラインだからこそ考えなくてはならない領域です。1日24時間運営

されているオンラインイベントも見たことがありますが、これは主催者に大きな負担をかけます。バランスをどう取るかです。

エキサイティングなNDI

Q　今後5年間をにらんで、ハードウエアでもソフトウエアでもトップ3に入ると予想する新製品は何でしょうか?

A　MICE業界に関しては、NDI[1]（Network Device Interface）と呼ばれる本当にエキサイティングな技術が登場しています。これは新しい標準であり、品質面でゲームを本当に向上させることができると思います。適切なソフトウエアを使用することで、テレビスタジオのバックエンドと同レベルのものを作成することができます。会場の人々が使っているウェブカムやライブカムからの情報をさまざまな方法でブレンドすることができるのです。この分野では大きな成長が予想されます。

　今までのAVデスクなどがある会場は、信じられないくらい費用がかかりましたが、NDIによって会場費は手頃な価格になるでしょう。会場運営者は、会場を再設計し、ミーティングプランナーの顧客に安価なソリューションを提供するために、効果的に技術を使用しようとしていると思います。おそらく会場に、テレビスタジオのような専用技術が導入されるでしょう。PTZ[2]カメラと呼ばれる新しいカメラを使用すれば、コントロールルームから簡単に遠隔操作が可能です。世界中のどこからでもできるのです。

AIアプローチには膨大な基礎データが必要

Q　AIなどのテクノロジーの導入などについては、どのようにお考えですか?

A　AIを実用化させるためには多くの基礎データが必要です。私は多くのバーチャ

1.アメリカ・NewTek社によって開発されたIP利用における新しいライブビデオ制作ワークフロー支援プロトコル。NDIテクノロジーを活用することで、一般的なギガビットイーサネット環境においても、映像、音声、メタデータをNDI互換のさまざまなシステム、デバイス、PCなどとのリアルタイムによる相互伝送を可能とする。
2.遠隔でカメラのレンズを左右上下に動かしたり、映像をズームイン・アウトしたりでき、広い範囲を映すことが可能なカメラ。

ル技術の試みを見てきました。欠陥のある戦略が数多く存在しており、バーチャルリアリティーへの道を歩んでいるとはいえません。少し前に、あるイベントに参加したのですが、ある方が素晴らしい指摘をしていました。史上もっとも成功しているオンラインショッピング会社はアマゾンです。彼らがビジネスを始めた時、作ったのはバーチャルショッピングモールのようなものではありませんでした。過去の買い物履歴に関するたくさんの情報を搭載したツールを備えたプラットフォームを作りました。バーチャルリアリティーの体験ではなく、ショッピングセンターでの買い物をしているような感じにさせて、信じられないほどの成功を収めたのです。

　バーチャルリアリティーモデルは、最初は楽しいかもしれませんが、それを機能させるためには多くの技術が必要です。ハイブリッドの出展者は、本物のスタンドにお金を払わなければならない上、バーチャルなスタンドも作らなければならないとなると破綻してしまうと思います。

　一方、バーチャルイベントの素晴らしいところは、同時ストリームの数に制限がないことです。100のストリームを同時に流すこともできます。AIが参入してくる可能性があるのは、AIがあなたのプロフィールやアルゴリズムに基づき、すべてのコンテンツの中であなた専用のプログラムを提供するようになることです。

Trevor Gardiner（トレバー・ガーディナー）

Centium Software社最高経営責任者

1987年以来、グローバルなコンベンション業界のテクノロジーに携わり、2012年のロンドンオリンピック、3回のコモンウェルス（英連邦）首脳会合、2回のコモンウェルスゲームズ、3回のラグビーワールドカップ、APEC（アジア太平洋経済協力）、国連世界サミット、ブリスベンでのG20首脳会合など、世界の主要なイベントを管理するシステムのソフトウエア設計の総監督を務めた。2014年には、最新の包括的なイベント管理システムの一つであるEventsAIR、2020年には仮想イベント管理プラットフォームOnAIRをリリースした。

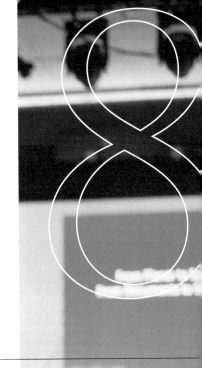

第 8 章

MICEビジネスを支える
企業・団体

MICEビジネスに関わる企業・団体は、▽MICE都市計画・施設整備及び施設管理運営に関与するもの▽整備後のMICE開催に関与するものに大きく分かれる。

　前者では、施工前はディベロッパーやゼネコン、設計会社、コンサルティング会社等が関わる。竣工後は、企画運営会社、ビルメンテナンス会社、警備会社が携わり、施設修繕にはゼネコンなどが当たる。

　後者のMICE開催に関与するのは、広い裾野の企業群である。PCO、広告代理店、見本市主催会社、旅行代理店などの第1次企業群の下に多様な第2次企業群が連なり、それらは入れ替わることもある。この中で、PCO、広告代理店、交通・運輸会社、宿泊業、飲食・レストラン・ケータリング業、新聞・雑誌・テレビなどのメディア、ディスプレイ会社、通訳・翻訳業、オンライン会議関連企業について概説する。

MICEビジネスを支える企業・団体

　MICEビジネスに関わる企業・団体は多岐にわたる。大きく分けると、MICE都市計画・施設整備及び施設管理運営に関与するものと、整備後のMICE開催に関与するものになる。

　MICE振興を掲げる多くの都市がまず取り組むのは、コンベンションセンターなどのMICE施設の整備だ。自治体は、MICE施設整備に関する基本構想・基本計画を立案し、地域の実情に応じた整備手法を検討する。その手法は、市街地再開発などによる面的整備や従来型の設計・施工分離型、民間の力を導入するPFI（プライベート・ファイナンス・イニシアチブ）事業による設計・施工一体型などさまざまである。それぞれの手法やステージに応じて、ディベロッパーやゼネコン、設計会社、コンサルティング会社等が関わることになる。

　竣工後は、施設の快適で安全な管理運営に企画運営会社、ビルメンテナンス会社、警備会社が携わり、施設修繕にはゼネコンやメーカーが当たる（【図表-33】参照）。

　MICE施設は自治体が建設するものと、民間が建設するものがある。特に前者の施設の管理運営は従来、地方公共団体、財団法人等の公的団体や第3セクターに限られていたが、2003年に小泉改革の一環として地方自治法の改正で、指定管理者制度が導入され、民間企業が公設のMICE施設の管理運営をできるようになった。

　国はMICE施設について、公的施設の所有権を公共主体が有したまま、施設の運営権を民間事業者に設定するコンセッション方式の採用を推奨するようになった。民間事業者による安定的で自由度の高い運営を可能とすることにより、利用者ニー

【図表-33】MICE都市計画・施設整備及び施設管理運営に係る企業・団体

MICE都市計画・施設整備	竣工後	MICE施設管理運営
・コンサルティング会社 ・設計会社 ・ディベロッパー ・総合建設会社（ゼネコン）		・施設管理・企画・運営会社 ・ビルメンテナンス会社（建物管理） ・施設警備会社 ・ゼネコン、メーカー（大規模修繕）

ズを反映した質の高いサービスを提供することを目的としている。コンセッション方式は事業期間が長く、施設機能の向上を目的とした投資が可能になる。このため、長期・安定的なMICE誘致・運営体制の構築や人材確保・育成が容易になる。また、サービス向上等に必要な設備投資が円滑かつ効率的にできる。

　MICE施設は命を吹き込まないとただの「ハコモノ」になってしまう。そうならないため、MICEを開催するにあたっては広い裾野の企業群が結集し、命を吹き込む。それを示したのが【図表-34】である。

　1次企業群と2次企業群は固定的ではなく、MICEの分野や規模に応じて入れ替わる。2次群もケースにより3次、4次に位置することも多い。

　MICEの主催者は、国、団体、協会、企業など社会に現存するすべての組織と言っても過言ではない。実際にMICEを運営するのは、運営会社、プロデューサー、オーガナイザーだ。この役割を担うのは主催者自身の他、PCO、電通、博報堂に代表される広告代理店、交通・運輸会社、宿泊業、飲食・レストラン・ケータリン

【図表 -34】MICE 開催に係る企業・団体

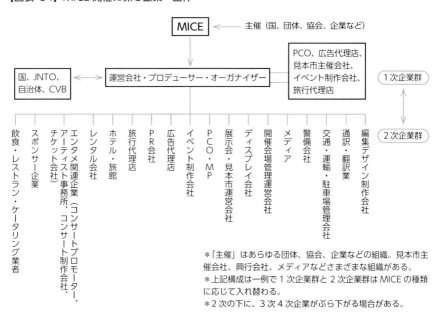

＊「主催」はあらゆる団体、協会、企業などの組織。見本市主催会社、興行会社、メディアなどさまざまな組織がある。
＊上記構成は一例で1次企業群と2次企業群はMICEの種類に応じて入れ替わる。
＊2次の下に、3次4次企業がぶら下がる場合がある。

グ業、メディア、ディスプレイ会社、通訳・翻訳業、リード エグジビション ジャパンや日経BPのような見本市主催会社（P160参照）、イベント制作会社、旅行代理店、プロモーター（P177参照）などがある。

PCO

「PCO（Professional Congress Organizer）」とは、国際会議、学会、大型イベント、展示会などの企画・運営を行う専門企業（職種）のことだ。アメリカでは、MP（ミーティング・プランナー／ミーティング・プロフェッショナル）と呼ばれることもある。

　PCOの役割は「MICEの総合プロデュース」である。イベントが生まれてから終了後まですべてのプロセスに携わる。ここではPCOが国際会議を「総合プロデュース」する場合の仕事について簡単に説明しよう。

　まずPCOは予算編成・管理から、プログラム作成、会場選択、参加者の登録、PR活動、VIPの受け入れ、参加者や招待客の出入国・宿泊・輸送のサポート、アトラクションやパーティー、ポストコングレスツアー等の関連イベントの企画立案・実施、印刷物の編集・制作、決算報告までを管轄する。具体的な業務は1,700〜2,300工程にも及ぶ。それらの膨大な項目をスケジュールに従って、一つずつこなしてはフィックス（確定）する作業の繰り返しがPCOの仕事である。

　国際学会の場合、PCOの多彩な業務の中でも重要なものの一つが予算編成・管理だ。財源は、参加者の登録料、関係団体や行政からの補助金・助成金、企業などからの寄付金や協賛金、プログラムなどの広告掲載料、商業展示の出展料などである。それらがどの程度になるか予測し、収支の計画を立てる。

　国際学会の場合、参加者が何人になるのか、寄付金がいくら集まるのかは、直前までわからないことが多々ある。それでも、PCOは、推計して目標を立て、予算をコントロールしなければならない。当然、赤字運営をするわけにはいかず、決められた予算の枠内にすべてを収めなければならない。その上で、参加者に「素晴らしい会議だった」と満足してもらうことが求められる。

　PCOの仕事のプロセスには、多くの企業が関わってくる。食事やレセプションはホテルに、機材はレンタル会社になど、PCOはそれぞれの分野の専門会社に依

頼する。部門ごとに管理担当者を置き、各部門の連携を密に行う必要がある。それ故に「PCOはオーケストラの指揮者」という言われ方もする。多くの分野にわたる多彩な人々を手配し、進行をコントロールするには、オーケストラを自在に操る名指揮者のごとき専門的で鮮やかな手腕が要求されるからだ。名指揮者がオーケストラの一つひとつの楽器、一人ひとりの奏者について知り尽くしているように、PCOは国際会議等の開催に関わる多彩な業務分野の一つひとつに精通していなければならない。宿泊・旅行一つをとっても、旅行会社の社員と同等の知識がなければ対応できない。

　国際会議は「サブ（サブスタンス）」と「ロジ（ロジスティクス）」の2つの要素で成り立っている。「サブ」とは会議で話し合う内容のこと、「ロジ」とは軍事用語でいう「兵站（へいたん）」、転じて会議の運営業務全般を「ロジ」と称する。PCOが「ロジ」に徹する場合でも、サブを熟知していなければ仕事にならない。例えば、AIの最新動向に関する国際会議の場合、AIについてのひと通りの最新知識を持ち、業界の動向に通じていなければ、会議のパンフレットさえ作ることはできない。したがって、PCOで働くためには、幅広い教養・知識が不可欠である。

広告代理店

　広告代理店はイベントの企画から運営までを手掛けている。特に多くのスポンサー企業を必要とする大型スポーツイベントや博覧会では誘致段階から関与し、開催決定後は総合的にプロデュースを行っている。

　ある広告代理店は、HPで事業内容の一つに「イベント」を掲げ、イベントや見本市のメリットとして▽顧客に直接訴求できる▽顧客の反応をダイレクトに感知できる▽将来の販促にも活用できる▽目的・状況に合わせた柔軟な展開ができる▽特定商品を他社の商品と差別化する際、高い訴求効果が得られる――ことを挙げる。

　広告代理店は、インセンティブについても包括的に受注し、旅行会社やイベント制作会社に再委託することもある。

交通・運輸会社

　MICEを開催する際、交通・輸送は欠かせないサービスである。MICEの誘致活

動や受け入れ環境の整備においても航空事業者や鉄道事業者、バス・ハイヤー事業者等の果たす役割は大きい。海外では、自国や国内の都市へのMICE誘致のため、航空事業者が、会議主催者の事前視察に際して無償航空券を提供したり、会議参加者に対して航空運賃のディスカウント等を申し出たりする事例もある。

宿泊業

ホテルはMICEの参加者に宿泊場所を提供するだけでなく、レセプション（懇親会）やバンケット（晩餐会）、朝食会、各種関連イベントを行う会場も提供する。

ホテル自体がMICEの開催施設となるケースも多い。首脳・閣僚級会議では１フロア１カ国貸し切りにするために、スイートルームを各フロアに設置しているホテルもある。

MICEを推進する都市において、ホテルは重要な産業だ。アメリカでは、ホテル税や宿泊税をコンベンションセンター建設の資金源にしている都市が多い。

飲食・レストラン・ケータリング業

「提供される飲食の質は、MICEの質に直結する」とは、MICE業界における至言の一つである。ホテルでの通常の朝食・昼食・夕食はもちろんのこと、大勢が集うレセプションやバンケットでの飲食は、会議の印象を決定付ける要素となる。その際、宗教、体質、信念などによる禁止食品や飲食制限への対応は必須である。

大規模なMICEでは、国内の一流料理人たちが招かれ腕を振るう場合がある。例えば、G8北海道洞爺湖サミット（2008年）では、各国の首脳たちに供された料理が評判になり、テレビ等で盛んに取り上げられた。

メディア（新聞・雑誌・テレビ等）

MICEを誘致したり、実施したりする上で広報・広告・宣伝は欠かせない。その意味で、メディアはMICEの主要プレーヤーの一つである。

また2章で記したように、新聞社やテレビ局など大手メディアが事業局を持ち、イベントを主催するのは、欧米では少ない日本の特徴である。

ディスプレイ会社

日本標準産業分類では「ディスプレイ業」を「販売促進、教育啓蒙、情報伝達等の機能を発揮させることを目的として、店舗、博覧会会場、催事などの展示等に係る調査、企画、設計、展示、構成、製作、施工監理を一貫して請け負い、これら施設の内装、外装、展示装置、機械設備（音響、映像等）などを総合的に構成演出する業務を行う事業所をいう」と規定している。

一般社団法人日本ディスプレイ業団体連合会は、ディスプレイを「空間を媒体としたコミュニケーション手段の一つ」として、ディスプレイ業については「総合的な情報サービスの一環として、快適な空間・環境を創造する総合ビジネス」「各種展示施設、商業施設、文化施設、イベントなど、対象とする空間は広範囲」と説明している。ディスプレイがなければMICEは味気ないものになるだけではなく、MICEの開催目的達成にも関わってくる。

日本ディスプレイ業団体連合会は2020年4月現在、都道府県ごとの協同組合または協会の35団体、約800事業所からなる。

通訳・翻訳業

オンラインでもオフラインでも国際会議の場合、会議通訳は重要な要素だ。多言語間の同時通訳となると、ピボットランゲージ（中間言語）は英語（または仏語）となり、英仏、英独、英西といった会議通訳者はAIICのメンバーを海外から招聘することが多い。

翻訳には、大きく分けて実務翻訳と出版翻訳があり、実務翻訳には無数の専門分野がある。MICEに関しては学術論文、スピーチ、議事録、報告書、抄録集、契約書などの翻訳が必要となる。

AIICとは

　同時通訳は通訳の方法で、職業としては「会議通訳者」と言う。

　AIICとは、フランス語の L'Association Internationale des Interprètes de Conférence（英語ではInternational Association of Conference Interpreters）の頭文字をとった略称。ニュルンベルク裁判（1945年11月20日〜1946年10月1日）及び国連発足（1945年10月24日）の際に、同時通訳の必要性がクローズアップされ、国際的組織結成の機運が高まり、1953年に誕生した。

　現在、国内及び国際舞台のさまざまな通訳現場で豊富な経験を積んできた104カ国約3,000人の会議通訳者が会員として登録されている。うち約20人の日英通訳者が国内外で活躍している。AIICは、世界のあらゆる国際協力体制構築のためのコミュニケーションに大きく貢献し、この実績により、EU（欧州連合）、NATO（北大西洋条約機構）、INTERPOL（国際刑事警察機構）、WB（世界銀行）、国連など主要国際機関から信頼と認知を受けている。

オンライン会議関連企業

　2020年の新型コロナウイルスの感染拡大で、オンライン会議、ハイブリッド会議は一気に新たなスタンダードとなった。オンライン会議関連の企業は①システム開発・ウェブ制作会社②収録・配信会社③ネットインフラ企業の３つに分類できる。①はオンライン会議のシステムを開発したり、オンライン会議のためのウェブサイトを制作したりする。②は会議やセミナーの映像・音声を収録し、オンライン参加者に配信する。③は、オンライン会議の「インフラ」ともいってよいZoom、マイクロソフト（Teams）、イベンツエア（P212参照）などである。

第9章

国家戦略ビジネスとしての「MICE」

対談 木下博夫×平位博昭

対談／国家戦略ビジネスとしての「MICE」

木下博夫（前・国立京都国際会館館長）×　**平位博昭**（コンベンションリンケージ代表）

日本のMICE施設の原点「国立京都国際会館」

平位　木下さんが館長を務めておられた「国立京都国際会館（以下、国際会館）」は、日本のMICE施設の原点ともいうべき存在で、1966年に竣工した日本で最初の国立会議施設です。

　国際会館ができた年は、前の東京オリンピックの翌々年で、日本が戦後復興を果たし、オリンピックも成功させ、国際社会に確固たる位置を占め始めた頃です。そのため、「今後は日本で大規模な国際会議が開かれる機会も増えるだろうから、立派な会議施設を造ろう」ということになったのですね。

　当時は、大阪の朝潮橋と東京の晴海に見本市会場があった程度で、日本のコンベンション施設は不十分な時代でした。最終的に京都に建設されるまでには、他にもいくつか候補地があって、箱根も有力候補だったようです。というのも、当時の経済企画庁長官が河野一郎さんで、箱根が地盤でしたからね。

木下　当時の岸信介総理に「日本に立派な国際会議場を作るべきだ」と進言したのが河野さんと聞いております。大臣として海外の国際会議に参加する機会も多く、向こうの会議場の立派さを目の当たりにしたからでしょう。他にも、滋賀県の琵琶湖のほとりが候補に上がっていたようです。

平位　そして、最終的に京都と箱根に絞られました。河野さんは地盤の箱根に造りたかったのでしょうが、さまざまな条件を勘案した結果、京都に決定した。その過程では、松下幸之助さんもかなり頑張られたという噂もありました。

木下　今となっては、京都に建設されたのは良かったと思います。国際会館が建っている左京区の宝ヶ池周辺は、人工的構造物がなく、すぐ前には池もあって、三方を山に囲まれているという、風光明媚な所です。海外からのお客様が会議の後に散策するには絶好の立地です。

　竣工当時はアクセスが悪いと不評だったそうですが、その後に地下鉄が延伸して

アクセスの不便さは解消されましたし、手前味噌ながら良い国際会議場だと思います。

平位　木下さんは、国際会館の6代目館長ですね。

木下　そうです。初代館長は高山義三元京都市長でしたが、2代目から5代目までは全員外務省出身者でした。建設省・国土庁OBが館長になったのは私が初めてでした。そのため、私の館長就任記者会見では、記者から「外交官経験のない、ドメスティックなあなたが、なぜ国際会議場の館長に選ばれたのでしょうか？」と質問されました。

平位　それはまた随分失礼な質問ですね。

木下　「時代の変化でしょうね」とだけ答えました。実は私は一時期、京都副市長を務めていたことがあり、京都には少なからず縁がありました。そうした経緯もあって館長就任を引き受けざるを得なくなったのです。

　館長になってから国際会館の設立50周年を経験しました。できてから半世紀もたつと、時代も大きく変化します。国際会館がその変化に対応するために、不足しているものを総点検し、補うための体制づくりが私の役割と思ってやってきました。

平位　ともあれ、木下さんは国際会館の館長をされた経験をお持ちという意味で、MICEの最前線を知っておられる。それだけでなく、現在、「ワールドマスターズゲームズ2021関西組織委員会」の事務総長をなさっている。大きなスポーツイベントはMICEの重要ファクターですから、その点でも「日本のMICEの現在」を語るにふさわしい方だと思っています。

日本人は国際会議に弱い？

平位　木下さんは国際会館の館長になられる前は、建設官僚という立場で日本のMICEをどのように捉えておられたのですか？　まだ「コンベンション」と呼んでいた時代ですが。

木下　私の場合、官僚時代はMICEを仕切る側ではなく、国際会議などの一参加者でした。当時私が関わった案件は、ワシントンで日米構造協議により日米間の建設市場の開放やら排他的取引慣行問題が取り上げられていました。一方、ジュネーブではGATT（関税及び貿易に関する一般協定）の場で公共投資市場ルールの一般化

がテーマとして熱い議論がされていました。

　ただ、国際会議に出るたびに感じたのは、外国の参加者は国としては対立関係にあっても、個人的にはお互いにファーストネームで呼び合って仲がいいんです。古い付き合いということが、すぐわかりました。日本の官僚だけは、その場になじめていないという雰囲気でしたね。我われだけはいつも、「はじめまして」からのスタートなんです。

平位　よくわかります。その結果、国際会議の合間の休憩時間には皆が談笑しているのに、日本人だけ輪に入っていけない。そのことは、日本のMICEの弱点とも言われています。国際会議などの場で、人間関係の深まりが生じにくいのです。しかし、是非は相半ば、意思決定は遅いが、いったん決まれば崩れない。誰を説得してよいのかわからない怖さがあるという話も聞きました。

　例えば、日本で国際会議をやるというのに、レジストレーション・フィー（登録料）がドル建てになっていたりすることが昔はよくありました。日本で開催する以上、円建てにするのが当然じゃないですか。リスクになるし、日本人の参加者がいちばん多いわけだし。また、日本で国際学会を開くなら、会長は日本人から選ばれて当然なのに、そうではなかったり……。

　そういうおかしなことが、日本で開かれる国際会議では普通にまかり通っていました。業界として「スポンサーは日本の会社や財成財団がほとんどなのにそれはおかしい」と声を上げたこともありました。当時はすでに、日本がGDP世界第2位だった時代です。国力からして、もっと強気になっていいのに、国際会議となるとどうしても弱気になるのが日本人だったのです。現在ではそういうことも少なくなりましたが、また逆回転しそうな雰囲気もあります。

木下　そのような"国際会議における弱気"の原因の一つが官僚の異動の多さだとしたら、そこは変革していくべきですね。平位さんのようなMICEの現場の人の意見に、霞が関も耳を傾けるべきと思います。

　また、日本の官僚制の弱点として「縦割りの弊害」ということがずっと言われ続けてきましたが、MICEの世界は常に総合的かつ横断的で、縦割りでは成り立たないわけですね。その意味でも、日本の官僚の姿勢も変えていかないと、国家戦略ビジネスとしてMICEに取り組む上でマイナスを抱え込むことになりそうですね。

平位　MICEの世界、特に国際会議などでよく使われる、「サブとロジ」という立て分けがありますね。「サブ」とはサブスタンス（中身、内容）、「ロジ」とはロジスティクス（兵站）の略語で、国際会議なら会議の中身が「サブ」で、それを円滑に進めるための手続きすべてが「ロジ」に当たります。例えば、会議場・食事・宿泊先の手配、会場までの移動手段の調整など、これらはすべて「ロジ」です。

　そして、ここが大事な点ですが、サブとロジは随所で重なり合っていて、厳密に区別できるものではありません。だから、国際会議を仕切るにあたってはサブとロジの両方がわかっていて、2つを総合的に調整できる能力が必要になります。「MICEの世界は常に総合的かつ横断的で、縦割りでは成り立たない」と木下さんがおっしゃるのは、その通りだと思います。

スポーツイベントを通じた「地方創生」

平位　幅広いファクターを含むMICEですが、巨大なスポーツイベントは「MICEの華」といってもいいですね。木下さんは日本で開催される「ワールドマスターズゲームズ2021関西組織委員会」の事務総長なので、それについてお話しください。

木下　2019年から2021年にかけては、日本にとってスポーツイベントの「ゴールデン・イヤーズ」と言われてきました。19年の「ラグビー・ワールドカップ」、20年の「東京五輪・パラリンピック」、そして21年の「ワールドマスターズゲームズ」と、世界的なスポーツイベントが立て続けに日本で開催されることが決定したからです。

　ところが、周知のように2020年になって新型コロナウイルスが大流行し、東京五輪・パラリンピックは2021年に延期となりました。2021年開催のワールドマスターズゲームズも1年延期となり、今はその対応に追われているところです。

　ワールドマスターズゲームズは、事業額、観客等の規模としてはオリンピックやワールドカップのレベルではありませんが、世界最大級の「生涯スポーツの総合競技大会」なのです。1985年にカナダのトロントで第1回大会が開かれて、日本で行われるのは第10回の記念大会になります。

平位　どのような競技種目がありますか。

木下　テニス、サッカー、野球などの球技、陸上競技、柔道、空手などの格闘技、

自転車競技やダンス・スポーツなど、幅広く競技が行われます。

　そして、「マスターズ」という言葉が示すように、シニア層まで含めた高年齢の方々も参加します。おおむね30歳以上であれば誰もが参加できる、アマチュア・スポーツの一大祭典なのです。年代別・競技経験別に区分して対戦するため、オリンピックとは違い、たくさんの方にメダル獲得のチャンスがあります。

平位　大規模なスポーツイベントではあっても、ワールドカップやオリンピックとは、また担う役割が違うのですね。

木下　そうです。ワールドカップやオリンピックは、世界の頂点に立つトップアスリートたちが競い合う場ですね。それに対して、ワールドマスターズゲームズはスポーツ文化の裾野を広げるといいますか、一般の人たちが生涯学習ならぬ「生涯スポーツ」を楽しめるようにする環境づくりという役割を担っています。

　そしてもう一つ、事務総長として私がめざしているのは、ワールドマスターズゲームズを通じた「地方創生」です。「広域開催」といって、関西各地に開催競技を分散させるのですが、そのことで各地方を大いに盛り上げていきたいのです。参加目標人数は国内3万人、国外2万人の計5万人ですが、応援団として家族等を含めると7、8万人は参加するのではないかと見込んでいます。「取らぬ狸の皮算用」が過ぎるかもしれませんが。

　事業規模としては、オリンピックなどに比べると小さいイベントですが、それでも経済的インパクトは大きいと思います。例えば、ヨーロッパなど海外から来られる方々はかなり裕福な方々が手弁当です。つまり旅費は自腹で参加するわけです。参加者とその家族、プラス応援団がメインです。彼らは当然、日本観光も兼ねてやって来るわけですね。その結果、海外のたくさんの人たちが、開催地となる各地方の独自の文化に触れるわけです。これは大変意義深いことだと思います。

　我われはずっと日本に住んでいるから気付きませんが、外国人だからこそ価値がわかる日本文化って、たくさんあると思うんです。例えば、京都の桂離宮の建築としての美しさを“発見”し、知らしめたのはブルーノ・タウト（ドイツの建築家）でした。また、レンブラントは日本の和紙の優れた特性にいち早く気付き、エッチングの銅版画を刷るのに用いていました。

　ですから、私は各開催地に、「地方独自の文化遺産を掘り起こして、それを活か

すことを考えていただきたい」とお願いをしています。一例を挙げると、メダルを下げるリボンに徳島の藍染めを用いるとか、京都の西陣織を用いるとか、開催地によって異なるものにしてもいいわけです。

平位 分散開催であるからこそ、広域の地方創生に繋がっていくということですね。

木下 ええ。私はワールドマスターズゲームズが、「各地方の知恵比べの場」になればいいと考えています。

平位 MICEはそれ自体が地方創生、地方振興に大きく結び付いています。ワールドマスターズゲームズの成功が、MICEの大切さを日本の各地方に改めて印象づける良い機会になると思いますね。

国際会議に活かされる「おもてなしの心」

平位 長年、国際会議に関わってきてしみじみ感じていることですが、日本で開かれる国際会議は、一般の人たちが思っている以上に、日本のイメージアップに結び付いています。というのも、主催の組織委員会や参加者から「これまでたくさんの国際会議に参加してきたが、日本が最高だった」という声を数えきれないほど聞いてきました。単なるリップ・サービスでなく、本音の言葉としてです。つまり、日本人の国際会議運営能力というのは、実は世界的に見てもレベルがかなり高いのです。

木下 それは、よく言われる日本人の「おもてなしの心」が土台になっているからでしょうね。

平位 そうだと思います。日本人の細やかな「おもてなし」や催事運営の緻密さは、国際会議においても発揮されます。それだけではなく、日本文化の素晴らしさに魅了されるという面もあるでしょう。

木下 日本という国のイメージアップ戦略としても、国際会議をもっと増やしていくことが大切になりますね。もちろん、会議の開催件数をただ増やせばいいというものではなく、いかに意義深い国際会議にするかを戦略的に考えていくべきですね。私が運営サイドに立って関わったのは、館長になって以来の6年間に国際会館で行われた国際会議ですが、それらを見てきた経験からもそう思います。

私が館長になる前の話ですが、国際会館ではそれまで2度にわたって「世界宗教者平和会議」が開かれました。1970年の第1回と、2006年の第8回です。宗教の壁を越えて世界から宗教者の代表が集まる会議ですが、各宗教・宗派の人たちが抵抗なく集えるための土壌づくりから始めなければならなかったようです。国際会議においては、差異の壁を感じさせない土壌づくりということに、MICE関係者が意識的に取り組んでいくことが必要ですね。

平位　そうですね。いわゆるインバウンド、海外からの観光客を集めることも大切ですが、国際会議の重要性は観光の比ではありません。何しろ、1つの分野で各国を代表する識者・VIPが集う場なのですから。その国際会議で「今までに参加したどの国よりも日本が良かった」という印象を与えられれば、影響力の強い彼らが「日本の応援団」になってくれるのです。

木下　「おもてなしの心」はもちろん大切ですが、それと同時に大切になるのが、国際会議の中でいかに「日本らしさ」を打ち出していくかということでしょうね。

　例えば、国際会館では2019年に、「国際博物館会議（ICOM）」の京都大会を開催しました。国際博物館会議が日本で開かれたのは初めてです。それまでに、アジアでは上海とソウルで開催されています。京都大会を開くにあたって、我われは中国や韓国のやり方とは違う、日本独自のやり方をどう打ち出すかに苦心しました。そのように、ただ国際会議を滞りなく運営するだけでは不十分で、そこに「日本らしさ」がないといけないと思うのです。

平位　おっしゃる通りです。「MICEは国家戦略／地域戦略／企業戦略ビジネスだ」ということです。目先のことだけを見て行き当たりばったりでやっていてはいけない。10年先、20年先まで見据えて、日本という国のプレゼンスを高めるためにMICEを活用していく必要があるのです。国際会議はその重要ファクターといえます。

MICEは「交流による価値創造」の舞台

平位　大きな国際会議の日本開催の積み重ねが日本のプレゼンスを上げていくのは間違いないことですが、いろいろな分野の国際組織の本部や支部を日本に誘致したり創設したりすることは、MICEの重要なポイントです。国際会議開催は基本的に

その時だけですが、国際組織の本部などはずっと人と情報を引き寄せる力になり、ひいてはその分野のRule Makingでイニシアティブを取れることにつながると思います。

最近は、Rule Makingについては政府も力を入れていると聞きますが、かつては「ISO[1]やIEC[2]にしても日本企業はとかく高い費用を払って認証を取ろうとするが、ヨーロッパの国々は本部を取ろうとする」という話を聞いたことがあります。

国連分担金は現在でも世界第3位、中国に抜かれるまでは2位だったわけですから、大型の専門機関を誘致できればよかったのですが、敗戦国では無理だったのでしょうか。国連大学の本部は青山にありますが、国連本部を100年かけて誘致することをめざすというのはどうでしょうか（笑）。現実的には、国際機関が集中しているジュネーブのようになるのは、永世中立国でもない日本では無理ですが、日本文化やスポーツ、サブカルなど何でも日本がリードしている分野であれば可能性は大きいです。

フィリピンはマルコス大統領時代にADB（アジア開発銀行）、WHOWPRO（世界保健機関西太平洋地域事務局）等、シンガポールはAPEC（アジア太平洋経済協力）の本部を誘致していますね。

木下　マルコス大統領にはどちらかというと、悪いイメージしかなかったのですが、フィリピンにとっていいこともやっているのですね。

確かに国際的組織の本部や支部を誘致することが、MICEの国家戦略的な活用の要になるというのは、その通りだと思います。同様に、何かの国際的祭典を日本でずっと行うとか、世界に通用する賞を作るということなども、戦略として重要ですね。

平位　ええ。ノーベル賞の存在はスウェーデンという国のプレゼンスを、カンヌ国際映画祭はフランス、カンヌのプレゼンスを大きく高めました。ここで詳しくは言及できませんが、ウィンブルドンもダボス会議もオリンピックもそれを意図して始めたかは別にして、成功例は世界にたくさんありますね。

---

1. 国際標準化機構（International Organization for Standardization）というスイス・ジュネーヴに本部を置く非営利法人で、様々な世界の標準（ISO規格）を定める
2. 国際電気標準会議（International Electrotechnical Commission）。電気及び電子技術分野の国際規を作成する国際標準化機関。各国の代表的標準化機関から構成される。

木下 その意味では、「京都賞」はMICEの戦略としてかなりの成功事例ではないでしょうか？　もちろん、京都賞は稲盛和夫（現京セラ株式会社名誉顧問）さんが創設した稲盛財団が運営する賞で、日本政府がやっているわけではありませんが……。

京都賞ができたのが1985年で、今年で36年になるわけですが、それだけの浅い歴史にしては頑張っていると思います。京都賞を受賞した人が後にノーベル賞を受賞する流れもできてきているようですし、「京都賞の選考は客観的で公平だ」と評価されているからでしょう。

ノーベル賞には文学賞はあっても芸術賞はないので、音楽や演劇などの分野に授賞するのは京都賞の独自カラーといえます。「思想・芸術部門」で坂東玉三郎さんが受賞しているのは、まさに京都賞の見識です。今後は賞金額でノーベル賞を上回るとか、そういうことも一つの手かもしれません。稲盛財団というしっかりとした後ろ盾があるのですから。

平位 中国がノーベル平和賞に対抗して2010年に「孔子平和賞」を創設したことも、広い意味ではMICEの国家戦略的な活用ですね。もっとも中国の民主化運動指導者にノーベル平和賞が授与されたことに反発して作ったとも言われていますが、是非論は別にして、中国は一つの国家戦略として国際的な賞をたくさん作っています。

木下 私は、MICEというのは「交流による価値創造の舞台」だと思っています。経済効果とか、国のプレゼンスを上げるとか、いろいろなプラス面がありますが、それらをひっくるめて言うなら、「交流による価値創造」こそがMICEの美点であり目的だと思うのです。異なる国、異なる分野の人たちが出会い、交流することによって何らかの価値を創造していくための舞台がMICEなのだと……。MICEのプロである平位さんを前にして釈迦に説法のようなことを言って恐縮ですが。

少し話題が変わりますが、2019年の暮れまでは、日本で開かれる国際会議を取り巻く環境は順調に成長してきましたが、100年に1回のショックである新型コロナウイルスの感染拡大により、一度に情勢が変わりました。MICE関係でも、会議の開催方式、国をまたがる人の移動等これまでの取り組みを大きく見直すことが求められています。これも考えてみれば、新しい方式を工夫して、システムの変更に大胆に踏み込んでいくことが、私たちMICE関係者の努力として求められてきます。

　結論としてつきることは、MICEは世界平和に繋がる営みだと思うのです。異なる人たちが集い合い、語り合うことそれ自体が、相互理解の推進に繋がり、ひいては平和に繋がるはずですから。

「ソフト・パワー」という言葉がありますね。軍事力や経済力によって強制的に相手を動かす「ハード・パワー」ではなく、その国の文化や価値観の魅力によって得られる国力をいいます。「MICEによって国のプレゼンスを高める」というとき、高まるのは紛れもないソフト・パワーでしょう。その意味で、「MICEの推進は実は世界平和に繋がっている」と、MICEに関わる方々は自信と誇りを持っていいと思いますね。

平位　恐縮です。とても励まされる対談になりました。本日は、ありがとうございました。

Profile

木下博夫（きのした・ひろお）

元国土事務次官　前公益財団法人国立京都国際会館館長
公益財団法人ワールドマスターズゲームズ2021関西組織委員会事務総長

DATA
資料編

2019〜21年度開業の日本の主な大型コンベンションセンター

【2021年度開業】

姫路市文化コンベンションセンター＜アクリエひめじ＞（兵庫県姫路市）

姫路駅からペデストリアンデッキで直結し、徒歩10分のロケーション。キャスティ21公園が隣接する。

2,010席、693席、164席の大中小のホール、約4,000㎡の展示場、最大3分割可能な690㎡の大会議室をはじめとした10室の会議室を備える。デザインは、世界遺産・国宝の姫路城の連立式天守をイメージさせる石垣・白壁をモチーフとしている。

文化芸術の拠点としての機能と、「ものづくり力の強化」「地域ブランドの育成」「交流人口の増加」を促進する機能を発揮することが期待される。

山口市産業交流拠点施設＜KDDI維新ホール＞（山口県山口市）

新山口駅前に誕生。「メインホール・会議室・スタジオ」「産業交流スペース」「メディフィットラボ」「アカデミーハウス」等からなる本施設は、さまざまな交流に寄与する。

コンベンション施設のあるホール棟は、2,000席の収容能力のある多目的ホールをはじめ、大小12の会議室を備え、多様なコンベンションやライブ・エンターテインメントを可能にする。特に、高音質・高出力な音楽拡声にも十分な性能を確保するスピーカーシステムを有し、十分な電源容量の確保、ノイズ対策などのインフラ整備により、自由度の高い音響システム・ネットワーク機能を提供できる。

博多国際展示場 & カンファレンスセンター（福岡県福岡市）

　博多駅から徒歩圏の東光エリアに誕生する西日本最大の民設民営コンベンション施設である。

　約3,000㎡のホール2室と大中小16の会議室を備える。withコロナ時代に対応し、約3,000㎡のメインホールは、30分以内で全空気を入れ替える換気能力を備えている。全会場に通信環境を整備しており、ハイブリッドコンベンションにも対応可能。今後、ウォーターフロント地区とともに福岡県のコンベンションの需要促進が期待される。

出島メッセ長崎（長崎県長崎市）

　長崎駅西口に誕生。3,800㎡のイベント・展示ホール、2,700㎡のコンベンションホール他、24室の会議室を備える。

　九州新幹線西九州ルートの開業に伴う長崎駅の再整備により駅周辺が一体開発されるため、近隣にはバスターミナル・ホテルなどが並ぶ。建築デザインは「世界とつなぐ新しいDEJIMAの創生」がコンセプト。

【2020年度開業】

群馬コンベンションセンター＜Gメッセ群馬＞（群馬県高崎市）

　高崎駅から徒歩圏内の立地に誕生した北関東エリア最大級のコンベンションセンター。11万㎡の敷地に3万㎡の屋内外展示スペース、最大3分割可能な1,330㎡のメインホール、大中小17室の会議施設を備える。

　近隣には、高崎芸術劇場及び高崎アリーナがあり、周辺施設と連携すること

で、国内最大級のコンベンションコンプレックスゾーンになることが期待される。また、群馬県には草津温泉・伊香保温泉など数々の温泉地があり、アフターコンベンションでの魅力の一つとなっている。

奈良県コンベンションセンター（奈良県奈良市）

奈良県最大のコンベンション施設。最大3分割可能な2,100㎡のコンベンションホールを筆頭に大中小14室の会議室、1,100㎡の屋外の天平広場、600㎡の劇場型の天平ホールを備える。

敷地内には、JWマリオット・ホテル奈良や観光振興施設、バスターミナルが併設され、本施設を拠点として古都・奈良でアフターコンベンションを楽しむことができる。

【2019年度開業】

愛知県国際展示場＜Aichi Sky Expo＞（愛知県常滑市）

中部国際空港隣接地に位置する日本初の国際航空直結型の国際会議・展示場。計6万㎡の展示スペース、30㎡から800㎡の連結可能な18の会議室等を備える。

中部国際空港は、国際線・国内線ともに就航数が多く、国内外からのアクセスが良好。中部国際空港総合保税地域のため、日本で唯一の大型の常設保税展示場である。

熊本城ホール（熊本県熊本市）

市街地の桜町地区再開発施設の中にあり、バスターミナルを中心に商業施設・ホテルが連なる。九州最大級の2,304席のメインホール、最大1,200㎡の大空間

として活用できる大小19室の会議室がある会議室フロア、移動観覧席のあるシビックホール、1,630㎡の展示ホールを備える。市民が集い、相互交流を生み出せる場所であることはもとより、全館を一体で利用することにより3,000人規模のコンベンションに対応でき、また、近隣施設との連携により5,000人規模の学会等にも対応できる。

　熊本城の麓に位置し、「熊本城と庭つづき『まちの大広間』」がコンセプト。本施設を核に熊本城をユニークベニューとし、熊本文化の発信地としての役割を果たす。

上記以外の主な大型コンベンションセンター

施設名の後の（　）内は所在都市。①主な設備 ②開業年 ③トピックス

札幌コンベンションセンター（北海道札幌市）

①大ホール（2,607㎡）、特別会議場（692㎡）②2003年
③2010年、第16回日本APEC貿易担当大臣会合が開かれた。

仙台国際センター（宮城県仙台市）

①会議棟の大ホール（1,000席）、展示棟の展示室（3,000㎡）②会議棟1991年、展示棟2015年 ③2015年、第3回国連防災世界会議が開かれた。

福島県産業交流館＜ビッグパレットふくしま＞（福島県郡山市）

①多目的展示ホール（5,495m²）、コンベンションホール（953m²）②1998年 ③2011年3月11日に起きた東日本大震災により閉館し、県内最大の避難所となる。復旧工事を経て2012年11月、すべての業務を再開する。

つくば国際会議場（茨城県つくば市）

①大ホール（1,465㎡）②1999年 ③2018年、第17回世界湖沼会議のメイン会場となる。

埼玉県産業文化センター＜ソニックシティ＞（埼玉県さいたま市）

①大ホール（2,505席）②1988年 ③大小ホール、国際会議室、展示場、市民ホール、大小会議室、都市型ホテルを有する総合コンベンション施設。

幕張メッセ（千葉県千葉市）

①国際展示場1～8ホール（5万4,000㎡）、同9～11ホール（1万8,000㎡）②1989年 ③国際会議場、幕張イベントホールを合わせて日本最大級のMICE施設。設計はプリツカー賞受賞の槇文彦。

東京国際フォーラム（東京都千代田区）

①ホールA（5,012席）、ホールE（5,000㎡）②1997年 ③大小8つのホール、31の会議室、巨大なガラス棟、地上広場、ショップ、レストラン、美術館などで構成。設計は、日本初の国際建築家連合（UIA）公認国際コンペで選ばれたラファエル・ヴィニオリ。ミシュラン・グリーンガイド・ジャポンで建物全体は二つ星、ガラス棟は三つ星に指定。

© TOKYO
INTERNATIONAL
FORUM CO., LTD.

東京国際展示場＜東京ビッグサイト＞（東京都江東区）

①屋内展示面積16ホール（11万5,420㎡）、国際会議場（1,000席）②1996年 ③青海展示棟を加えて14万1,780㎡は日本では最大の展示場だが、世界では36番目（日本展示協会調べ、2020年7月現在）。

©㈱東京ビッグサイト

横浜国際平和会議場＜パシフィコ横浜＞（神奈川県横浜市）

①国立大ホール（5,002席）、展示ホール（2万㎡）②1991年 ③国際会議場、会議センター、展示ホール、アネックスホールなどからなる。横浜みなとみらい国際コンベンションセンター（パシフィコ横浜ノース）が2020年4月に開業。

新潟コンベンションセンター＜朱鷺メッセ＞（新潟県新潟市）

①展示ホール（7,800㎡）、メインホール（1,133㎡）、国際会議室（649㎡）②2003年 ③2016年、G7新潟農業大臣会合、2019年、G20新潟農業大臣会合が開かれた。

富山国際会議場（富山県富山市）

①メインホール（825席）②1999年 ③2016年、G7富山環境大臣会合が開かれた。

静岡産業支援センター＜ツインメッセ静岡＞（静岡県静岡市）

①南館大展示場（5,400㎡）、北館大展示場（5,000㎡）②1982年 ③北館ができたのは1996年。

静岡県コンベンションアーツセンター＜グランシップ＞（静岡県静岡市）

①大ホール・海（1,720㎡）②1999年 ③設計は磯崎新。全長200mを超える大きな船型の複合施設。

アクトシティ浜松（静岡県浜松市）

①大ホール（2,336席）②1994年 ③A～Dゾーンからなる施設。大ホールは、日本初の四面舞台と設備を備える。

ふじのくに千本松フォーラム＜プラサヴェルデ＞（静岡県沼津市）

①コンベンションホールＡ（931㎡）、多目的ホール（3,875㎡）②展示場イベント施設2013年、会議場施設2014年 ③会議場施設「コンベンションぬまづ」と展示場イベント施設「キラメッセぬまづ」からなる。施設からは、富士山が望める。

富士市産業交流展示場＜ふじさんめっせ＞（静岡県富士市）

①大展示場（3,840㎡）②2008年 ③新幹線新富士駅北側に位置し、富士山を仰ぐ。

名古屋国際会議場（愛知県名古屋市）

①センチュリーホール（3,012席）、イベントホール（1,920m²）②1990年 ③2019年、第30回日本医学会総会2019中部が開催された。

名古屋市国際展示場＜ポートメッセなごや＞（愛知県名古屋市）

①第1展示館（1万3,870㎡）、第2展示館（6,576㎡）、第3展示館（1万3,500㎡）②1973年 ③2022年に新第1展示館（約2万㎡）及びコンベンション施設（大会議室1,000㎡他）開業予定。

滋賀県立県民交流センター＜ピアザ淡海＞（滋賀県大津市）

①ピアザホール（556㎡）、大会議室（468㎡）②1999年 ③琵琶湖付近にはコンベンション施設が多く、コンベンションゾーンを形成しておりその中の一つ。

国立京都国際会館（京都府京都市）

①Main Hall（2,040㎡）、Event Hall（3,000m²）、Annex Hall（1,500m²）、New Hall

（2,000㎡）②1966年 ③日本で最初の国立の国際会議施設。
設計は大谷幸夫。メインホールは国連方式を採用してい
る。1997年、気候変動枠組み条約第3回締約国会議（COP3）
が開かれ、「京都議定書」が採択された。

京都市勧業館＜みやこめっせ＞（京都府京都市）
①第1展示場（1,480㎡）、第2展示場（4,000㎡）、第3展示場（4,000㎡）②1996年
③平安建都1200年記念事業として建設され、「みやこめっせ」の愛称は公募で選
ばれた。

大阪国際交流センター（大阪府大阪市）
①大ホール（1,006席）、茶室形式和室（鴻臚庵／ 84㎡）
②1987年 ③宿泊施設、レストランを併設する大型複合
施設。

大阪府立国際会議場＜グランキューブ大阪＞（大阪府大阪市）
①メインホール（2,745席）、特別会議場（393㎡）②2000年 ③設計は黒川紀章。
2008年、G8サミット財務大臣会議が開かれた。

大阪国際見本市会場＜インテックス大阪＞（大阪府大阪市）
①6号館展示場A,Bゾーン（各9,679㎡）、Cゾーン（1万535㎡）、Dゾーン（1万
167㎡）②1985年 ③2019年、日本初開催のG20サミットが開かれた。

神戸コンベンションセンター（兵庫県神戸市）
①神戸国際会議場・メインホール（692席）、神戸国際展示場・展示室（3,800㎡）、
コンベンションホール（3,800㎡）②1981年 ③世界初の海上文化都市「ポートア
イランド」に建設・整備された。2016年、G7神戸保健大臣会合が同センター内

の神戸ポートピアホテルで開かれた。

淡路夢舞台国際会議場（兵庫県淡路市）

①メインホール（580㎡）②2000年 ③淡路島の豊かな自然に囲まれた環境の中、都市型コンベンションセンターとは一味違うリゾート＆カンファレンスセンター。アジア太平洋フォーラム・淡路会議が開かれてきた。

奈良春日野国際フォーラム 甍～I・RA・KA～（奈良県奈良市）

①能楽ホール（855㎡）②1989年 ③奈良県置県100年を記念して1989年に開館した「新公会堂」と、隣接する「奈良公園シルクロード交流館」を別館として一体化して2015年リニューアルオープン。珍しい能楽ホールは表彰式や国際会議でも使われる。

なら100年会館（奈良県奈良市）

①大ホール（1,476席）②1999年 ③奈良市制100周年を記念して建築された。磯崎新による設計。

島根県立産業交流会館＜くにびきメッセ＞（島根県松江市）

①大展示場（4,018㎡）、国際会議場（616㎡）②1993年 ③展示場・会議室の両方を備えた山陰地方最大規模を誇るMICE施設。

岡山コンベンションセンター＜ママカリフォーラム＞（岡山県岡山市）

①コンベンションホール（745㎡）②2001年 ③2014年、持続可能な開発のための教育（ESD）に関するユネスコ世界会議の際、持続可能な開発のための教育に関する拠点の会議が開かれた。

広島国際会議場 （広島県広島市）

①フェニックスホール（1,504席）、国際会議ホール「ヒマワリ」（600㎡）②1989年 ③市制施行100周年に広島平和記念公園に誕生した。

海峡メッセ下関 （山口県下関市）

①展示見本市会場（1,873㎡）、イベントホール（1,599㎡）②1996年 ③海峡ゆめタワーの高さは153m。

かがわ国際会議場 （香川県高松市）

①国際会議場（400㎡）②2004年 ③瀬戸内海を臨む国際会議場。2016年、G7香川・高松情報通信大臣会合が開かれた。

北九州国際会議場 （福岡県北九州市）

①メインホール（585席）②1990年 ③設計は株式会社磯崎新アトリエ。隣接する西日本総合展示場などと一大コンベンションゾーンとなっている。

福岡コンベンションセンター （福岡県福岡市）

①福岡国際会議場・メインホール（1,000席）、マリンメッセ福岡A館・多目的展示室（8,000㎡）、マリンメッセ福岡B館・多目的展示室（5,000㎡）、福岡国際センター（展示面積5,052㎡）②福岡国際センター 1981年、マリンメッセ福岡A館1995年、福岡国際会議場2003年、マリンメッセ福岡B館2021年③福岡国際センターでは大相撲九州場所が開催される。

長崎ブリックホール （長崎県長崎市）

①大ホール（2,002席）、国際会議場（486㎡）②1998年 ③名誉館長は長崎市出身の歌手さだまさし。

別府国際コンベンションセンター＜B-Con Plaza＞（大分県別府市）

①コンベンションホール（2,756㎡）、国際会議場（405㎡）、フィルハーモニアホール（1,190席）②1995年 ③大分県出身の建築家、磯崎新の設計。敷地内には「グローバルタワー」という高さ約125mの展望塔がある。

沖縄コンベンションセンター（沖縄県宜野湾市）

①展示場（2,500㎡）、劇場（1,709席）、会議場A1（516㎡）②展示棟、会議棟A1987年、劇場棟1990年、会議棟B2000年 ③2019年、第43回全国育樹祭式典行事、2020年、ツーリズムEXPOジャパン 旅の祭典in沖縄が開かれた。

万国津梁館（沖縄県名護市）

①サミットホール（441㎡）②2000年 ③2000年、九州・沖縄サミット首脳会合が開かれた。

MICE用語集

アールエフピー (request for proposal ／ RFP)	提案依頼書。国際本部が、会議の開催地を選定するにあたり、開催を希望する団体・学会に対して具体的な提案をするように求めること。または、その立候補要件などを取りまとめた仕様書。
アジェンダ（agenda）	議事日程、議題。会議で検討・議論されるべき事項。
アナウンスメント (announcement)	開催案内。会議などのイベント開催を知らせる案内。「サーキュラー（circular）」と同意。会議によって複数回発行する。
アブストラクト（abstract）	抄録・要旨。スピーチ、講演、発表などの内容を200 ～ 500語程度にまとめたもの。 （参）アブストラクト集／抄録集／要旨集
アブストラクト集	アブストラクトをまとめたもの。 （類）抄録集／要旨集（参）予稿集
一般演題	演題募集（コールフォーペーパー）に基づき投稿された演題。 （対）指定演題
イベント保険	展示会を含むイベントのリスクを考慮した保険。興行中止保険、賠償責任保険、傷害保険、動産総合保険などがある。
ウェブ会議 (web conference)	インターネット回線を介して行う会議。
ウェルカムレセプション (welcome reception)	開会を祝う催し、歓迎レセプション。歓迎の意味を込めてアトラクション（出し物）などが用意されることもある。
AV機器（av equipment）	音響（audio）および映像（visual）に使う機器の総称。

※（参）は参考、（類）は類語、（同）は同義語、（対）は対語。

エキスカーション／ エクスカーション （excursion）	小旅行、遊覧、観光。会議プログラムの一部として、会議参加者及びその同伴者のために計画された、レクリエーションのための小旅行や遊覧。 （類）ツアー（tour）
MC	開会式、レセプション、イベントなどの司会者。Master of Ceremonyの略称。
演出照明	演出効果を高めることを目的に設置される照明で、一般に演出プログラムに応じて照度や色、方向などを変化させる。基本的な照度の確保を目的とするものではないため、通常は「一般照明」と併用される。
オープニングセレモニー （opening ceremony）	催事（展示会、会議・イベントなど）の開催を告げる式典。開会式典。通常、慣習的・儀礼的形式を踏襲した、テープカットや主催者及び来賓の祝辞などで構成される場合が多く、アトラクションなどを行う場合もある。 （対）クロージングセレモニー
オープンタイプイベント （open-type event）	一般市民に公開されているイベント。無料、もしくは、少額の入場料で誰でも参加できる。通常、オープンタイプイベントは来場者の多寡でその成否を判断することが多いため、魅力あるイベント内容を企画することはもとより、イベントの対象地域内にマスメディアや交通広告、新聞折り込みチラシ、ポスター等で積極的な告知を行うことが成否のカギを握る。
オープンブース （open booth）	展示会ブースの各面を壁面で囲わず、どこから見ても内部が見えるブース。展示会場の通行客にブース内部を見せることで、ブース内への誘因促進を図る意図で作られる。誰でも入りやすく、多くの集客が期待できるが、一方で落ち着いたプレゼンテーションができないというデメリットもある。このタイプはPR型効果を求めるブースに向いている。 （対）クローズドブース
オフィシャルトラベル エージェント （official travel agent）	指定旅行代理店。主催者から委託を受け、イベント参加者の宿泊、輸送、ツアーなど旅行業務を独占的に取り扱う旅行会社。
会場（venue）	催事を行う施設のこと。 （類）サイト（site）

会場下見（site inspection）	催事開催の会場を自分の目で事前に確認・調査する下見。
会場使用計画	会議・イベントを開催するにあたり、必要な部屋（講演会場や事務局、控室）に利用施設のどの部屋を充てるかの計画。
会場レイアウト	テーブルや椅子、備品等具体的なスペースサイズとスペース配置を図面化したもの。基本的なレイアウト形式には、スクール形式、シアター形式、ロの字型などがある。
ガラ/ガラ・ディナー（gala）	会議期間中に行われる祝典的な雰囲気の極めて特別な晩餐会。正餐形式で行われることが多い。
カンファレンス（conference）	特定の目的のために行われる会議、協議会のこと。
キービジュアル（key visual）	催事において、メインとなるイメージ画像・デザインのこと。ロゴやキャッチコピーなどと組み合わせて作ることが多い。
記者発表（記者会見）（press conference）	マスコミに対して催事の情報公開などを行うイベント。会議の前後に開催し、組織委員長などが会議概要を説明、情報の発信と取材依頼を行う。 （参）プレスリリース
基礎小間	主催者が設定し、敷設する小間のことで、隣接する小間との境界に壁面を立ててあるものや境界の目印だけを示しているものなどがある。 （対）スペース小間
基調講演（keynote lecture）	全体のテーマや開催の基本方針に関わる講演。
キックオフパーティー（kick-off party）	イベントの制作業務スタート時や販促キャンペーンのスタート時に主要関係者全員を集めて、業務の成功に向けて行う懇親パーティー。主に、関係者・制作スタッフのやる気の喚起とチームワークの醸成を目的として開催される。

ギブアウェイ（giveaway）	催事などへの参加者に無料で提供される品物やサービス。購入や来店といった条件を付けずに提供・配布される、社名や商品名の入った比較的少額物品のこと。商品そのものを配布した場合はサンプリングといい、配布するものがアイデアに富んだ珍しい場合にはノベルティという場合がある。抽選などではなく全員に配るのが一般的。 （参）ノベルティ
キュービクル（cubicle）	配電盤、変圧器、開閉器などを組み合わせ鋼製の箱の中に収めた受変電設備。充電部が露出せず安全であるため多用されている。屋内型と屋外型があるが、特に屋内型は電気室を設けずに済むため利便性が高く、仮設電力用にも使われる。
協賛趣意書 （スポンサーシップ趣意書） （sponsorship prospectus）	企業や団体に会議・イベントの開催趣旨などを説明・理解してもらい、共催セミナーや広告、展示の協賛を募る書類。 （類）展示募集要項
グラント（grant）	補助金・助成金。支出の不足分を補うために、援助機関や官庁などから提供される援助金。参加者への補助金を指す場合もある。 （類）サブシディ（subsidies）（例）トラベルグラント（travel grant）
グリーンミーティング （green meeting）	地球環境に配慮した会議、運営方法。緑化、省エネ、廃棄物の削減、二酸化炭素排出量削減など広範囲にわたる取り組みを行う会議またはその運営方法。
クロージングセレモニー （closing ceremony）	閉会式。閉会式典。催事の最後に主催者代表及び出展関係者代表の謝辞、開催結果の報告、「○○宣言」などを発表する。 （対）オープニングセレモニー
クローズドタイプイベント （closed-type event）	入場者を一定の条件を満たした人のみに限定したイベント。特定の業界・取引先やユーザーに限定して招待したり、一定の属性を持つターゲット層のみに告知し入場の事前登録を課したりする、比較的高額の入場料を取るイベントのこと。 （対）オープンタイプイベント

クローズドブース (closed booth)	展示会ブースの各面を壁面で囲い、外からは、内部が見えにくいブース。じっくりと商談が必要な場合には、このタイプは適合する。 （対）オープンブース
口演発表（口述発表） (oral presentation)	公募演題の発表形式の一つで、口述による発表のこと。 （対）ポスター発表（プレゼンテーション）／（示説セッション）
口演発表セッション (oral session)	公募演題の発表形式の一つである口述による発表演題をまとめたセッション。 （参）フリーペーパーセッション（free paper session） （対）ポスターセッション（poster session）
コーヒーブレイク (coffee break)	セッション間の短い休憩。コーヒー、紅茶、時にはその他のリフレッシュメント（軽食）が供される。 （類）ブレイク、リフレッシュメント
コーポレイトアイデンティティ (CI)（corporate identity）	企業が自社の企業理念や企業イメージを明確化し市場に浸透させるために，企業シンボル、社名ロゴタイプ、企業カラー、企業テーマワードなどを計画的・戦略的に設定し統合すること。設定・統合されたCIは、商品や広告はもとより、名刺や社封筒などの事務用品、社屋、工場・倉庫、配送車など、市場で目に触れるあらゆるものに厳格な使用基準をもって展開される。
コールフォーペーパー (call for papers)	論文・アブストラクト募集、または論文募集に伴う投稿規程・演題募集。会議（学会）における発表論文の要項。投稿論文・アブストラクは査読者による評価、採否判定が行われる。
国際展示会	「海外来場者が5％以上」、または「海外出展者が10％以上」を満たす展示会。国際標準化機構による展示会の定義「ISO25639」など。

小間（booth）	展示会場の展示場所を区分配置したスペースの単位。小間展示には通常２つの方法がある。一つは、３ｍ×３ｍ程度を１つの小間単位として賃貸する形式で、出展者が出展物により、１小間から複数の小間を賃借するもの。主催者は、壁面、パラペット（社名入りボーダー）、床カーペット、電源などを付けた小間を基礎小間として、一定料金を設定して出展者に賃貸する。小間料金の中には、壁面（縛パネル、間仕切り）、パラペット、床カーペット、電源コンセントなどが含まれる。基礎小間の詳細は展示会によって異なるが、主催者は出展に関する規約を作成し、小間の内容、条件、料金などの細則を明記し、販売する。 もう一つは、小間の大きさを自由にして、出展者の希望する面積で賃貸するもので、間仕切り壁は設置せず、出展者は壁面の高さなどの規約は統一するが、出展規約の範囲の中で自由に展示を行うもの。見本市・展示会は通常このような大規模出展小間と小さな基礎小間の集合体との２つから構成される場合が多い。 （参）基礎小間／スペース小間
小間図面	小間内の設備、機器などの配置を記入した図面。平面図・立面図を基本とし、必要に応じて詳細図面で補正する。
コングレスバッグ （congress bag）	会議に関するプログラムや資料などを入れるためのバッグ類。登録時に会議参加者全員に配布される。バッグの中に封入する資料などをまとめて「コングレスキット（congress kit）」ともいう。
コンソーシアム （consortium）	ある目的のために形成された、複数の企業や団体の集まり。
サーキュラー（circular）	開催案内。イベント・会議の開催を告知する案内書で、国際会議の場合、通常２～３回発行される。第１次サーキュラーでは、開催の骨子を記載し、第２次以降で会議内容、関連行事、コールフォーペーパーなど詳細な情報が盛り込まれて参加予定者に送付される。 （同義）アナウンスメント
サイトインスペクション （site inspection）	催事開催地を事前に詳しく調査・視察すること。 （同義）会場下見

サテライトシンポジウム (satellite symposium)	主要会議と関連したテーマで同時、または前後して開かれる会議やシンポジウム。本会議が行われる会場とは別の会場で行われる場合もある。
サブ／サブスタンス (sub/substance)	政策などの中身のこと。会議において、何を話すか、どういった方針で会議に臨むかを策定すること。 （対）ロジ／ロジスティクス
サンプリング（sampling）	①試供品配布。試供品や見本を消費者に無料で大量に配布すること。消費者に理解してもらうためには商品を実際に使用・体験してもらうのがもっとも効果的であり、サンプリングは新製品の販売促進策としてしばしば実施される。 ②標本抽出。調査において、一定の方法で母集団（調査対象となる属性の全体）から一定数の調査対象者（標本＝サンプル）を抽出すること。
残歴計	長期の準備期間を必要とする大型イベントなどで、開催の2～3年前から、オープンまで「あと何日」を表示する装置。一般市民のイベントに対する関心を高めるための、有力なPR施設といえる。
周年行事	毎年決まった時期に行う行事の意。入学式や運動会、あるいは祭りや各種年日に行われる行事などが代表例。また、転じて、何周年、何十周年などの大きな節目の日に行われる行・催事を指して周年行事と言う場合もある。
出展者募集案内（要項）	主催者が出展者を募集するために告知をする案内書のこと。開催趣旨、開催要領、出展料金、申込期限その他の諸条件が明記されている。 （類）協賛募集要項
出展の手引き	展示会開催に至るまでの作業計画や規定、各種工事関係の説明が記されたもの。通常、出展者に向けた説明会などで詳細に説明を行う場合が多い。 （類）出展要項
出展要項	展示会の趣旨、内容や主催者と出展者の権利・義務などについてを明記した約款的文書のこと。出展者は申込とともに契約締結となる。 （類）出展の手引き

傷害保険	来場者、従業員、アルバイト、コンパニオンなどが展示期間中にけがをした場合に補償するもの。
招待講演者 （invited speaker）	招待されて講演を行う講演者。 （同義）ゲストスピーカー
消防規制	各施設・会場ごとに消防上の法令、条例に合わせて規制が設けられ、それにより禁止・制限されること。 （例）危険物品の持ち込み禁止など
抄録集	抄録（アブストラクト参照）をまとめた冊子またはデジタル媒体。 （同義）アブストラクト集／要旨集
助成金（subsidy）	催事開催のための資金の補填として援助機関や官庁などから得られる援助金。 （類）グラント
シンポジウム（シンポ） （symposium）	特定の分野の多数の専門家によって行われる会議。特定の問題に関し、専門家による論説・論文の発表、討論が行われる。その中で懸案の問題について何らかの勧告が引き出されることが期待される。
シンボルマーク （symbol mark）	行政・企業・団体そのもの、あるいは、その事業内容や活動内容の理念や目標像などを、単純・簡潔に表現したマーク。名称、あるいは、そのイニシャルをデザイン化したり、理念・目標像・事業内容などを抽象化しデザインしたりして創作する場合が多い。特に長期にわたる自治体イベント、博覧会、大型スポーツイベントでの重要なツールとされる。販促ツールとしては初期段階からの使用にあたっての戦略が必要である。内容的には企画をシンボリックに反映したメッセージ性の高い表現力が要求される。
スポンサード・シンポジウム （sponsored symposium）	学術会議の一環で、スポンサー（普通はメーカー）との共催。
セールスミーティング （sales meeting）	「販売会議」が基本的意味だが、特別な意味付けを持ち、イベント的演出を加味した「販売促進のための会合」を指す場合が多い。
セッション（session）	会議プログラム中の実際に討議が行われている時間帯。

セレモニー（ceremony）	式典。儀式典礼。式典はその基本的性格から「慣習的・儀礼的な形式を持ったイベントの一種」と考えられる。また、イベントには準備段階から終了まで各種の式典を挙行することが多く、例えば、準備段階では、制作・運営事務局の開所式、博覧会のパビリオンなどの竣工式がある。会期中の式典としては開会式、閉会式などが一般的である。式典をイベントに付随的なものとして位置付け、一定の慣習的・儀礼的な形式を順守するだけで、あまり手間暇を掛けないとする考え方がある一方で、イベントのテーマや目的を際立たせ、かつ、PR効果を狙って、大胆な創意工夫を凝らした演出を式典に加える、いわば「式典のイベント化」を重視する考え方もある。
総会 （assembly/ general assembly）	組織体を構成する会員が出席して開催される公式会議。その組織の規約および政策の決定、組織体内部の各種委員会の選出、決算報告及び予算の承認などを行う。総会の運営は通常、議事規定およびその付則によってあらかじめ定められた一定の会議規則に従って行われる。
ゾーニング（zoning）	展示・イベント会場を機能によって区分けすること。ゾーニングは、出展構想や出展コンセプトを具現化する最初の作業であり、極めて重要なステップである。
チェア（パーソン） （chairperson）	①会長・議長の意。②座長・司会者のこと。 （類）①president ②moderator/facilitator
通関手続き	貨物の輸出・輸入の申告から、それぞれの許可に至る一連の税関手続き。展示品についても一連の手続きを終了した上で会場に搬入する。
ディーラーズミーティング （dealers meeting）	問屋・卸売りや販売店の仕入れ担当者や販売責任者を集めて実施する、新商品や販売促進施策に関する説明会。単なる説明会ではなく、販売意欲を向上させるために説明（プレゼンテーション）の手法をわかりやすく、かつ、アトラクティブに工夫したり、大量のサンプルやインセンティブ用品を提供したり、あるいは、懇親パーティーの併催などイベント的要素を盛り込んだりすることが多い。
DMC （destination management company）	DMOや主催者等から依頼を受け、展示会の運営におけるさまざまな手配や支援を行う民間企業。

ディスカッサー／ ディスカッサント (discusser/discussant)	議論する人、討論者。
ディスカッション (discussion)	討論、討議、議論。自由な形の討論で、おのおのが自身の 意見を言い合う形。
デイリーニューズレター (daily newsletter)	会議・イベント新聞。イベント期間中、参加者に当日の案 内を行うために毎日発信・発刊する会報。「デイリーブル ティン（daily bulletin）」ともいう。
テクニカルビジット (technical visit)	実地見学。会議参加者にとって関心のある工場などの現場 の見学。 （同義）テクニカルツアー（technical tour）
デジタルポスター (digital poster)	ポスター発表の形式の一つで、紙ポスターを掲示しての発 表ではなく、電子化したポスターをモニターなどのデバイ スに映して行う発表形式のこと。 （同義）電子ポスター／eポスター（参）ポスター発表
デモンストレーション (demonstration)	実演。実際に商品を使用して商品説明を行うこと。販売促 進手法として、ショールームや各種のSPイベント、展示 会・見本市での主要なプログラムといえる。店頭での小規 模な実演から、音響・照明・映像などの演出を加えて ショーアップされた大規模なものまである。しばしば、 「デモ」と短縮して使われる。 （同義）実演
同時進行セッション (concurrent session)	小グループでのセッションやパネルディスカッション、 ワークショップや口演発表など同時並行で行われるセッ ション。 （類）分科会／パラレルセッション（対）プレナリーセッ ション
動線計画	展示・イベント会場内の来場者の動き方を想定し、出入り 口や誘導経路の配置を検討するもの。
同伴者プログラム (accompanying persons'program/ spouse program)	主に会議参加者がセッションに参加している間に、同伴者 のみを対象として組まれる観光旅行や文化行事など。

登録料 （registration fee）	会議への参加のために支払われる費用。
トレードショー／ トレードフェア （trade show/trade fair）	ショーは、見せ物、展覧会、展示会として使われる。フェアは、（定期的）市、博覧会として使われる。ショーは、芸能的な要素を持つエンターテインメント性の強いイベントに使われ、フェアは市的な要素が強い場合に使われることが多い。日本においてはショーもフェアも同意語として使われており、一般的用語として定着し、トレードショーもトレードフェアも大きな違いはない。
内覧会	事前に、特別の招待客だけに見せる機会のこと。博覧会、展示会、PRイベントなどの場合は、一般公開の前に得意先VIP、報道関係者、関係官庁担当者などに対して行われ、販促イベントの場合は、消費者に公開する前に、取引先担当者や上得意客だけを集めて行われることが多い。一般公開と同じ展示構成、プログラム内容で実施するのが原則である。
ニュースリリース （news release）	ニュースとして取り上げてもらいたい情報内容を簡潔にまとめた、報道機関向けの文書。そのまま掲載できるサンプル記事や写真を添付する場合も多い。各報道機関に送付したり、記者会見の会場で配布したりする。「プレスリリース」と同義語。
ノベルティ （novelty）	販売促進の一つとして企業名やロゴマークなどを入れた記念品。無料配布されたり、購入時のおまけとして付属したりする場合もある。ブースへの来場者を増やすためのグッズ。企業イベント（販売促進イベント、PRイベント、見本市・展示会等）でのノベルティは欠かせないものであり、各社とも斬新でアイデアに富んだノベルティの提供にしのぎを削っている。
賠償責任 （保険）	偶然の事故によって他人や財物に損害を与えたために、被保険者が法律の賠償責任を負担することにより被る損害に対して支払うもの。
パネルディスカッション （panel discussion）	壇上で行われる少人数の専門家らによるディスカッション。またはそのディスカッションが行われるセッション。ディスカッサー（ディスカッサント）には会場内から選ばれた者が加わることもある。

パブリックショー （public show）	一般消費者向けに開催される展示会で、即売会に近いものもある。出展者は、商品のPRやブランドイメージの浸透を狙う。
パブリック・リレーションズ （public relations）	行政・企業・団体などが社会全体や消費者との良好な関係を築き、自らの施策、意見、方針、活動内容、あるいは、商品やサービスについての理解と信頼を獲得していくための、情報の発信活動（広報活動）と受信活動（広聴活動）。
パラレルセッション （parallel session）	小グループでのセッションやパネルディスカッション、ワークショップや口演発表など同時並行で行われるセッション。（同義）同時進行セッション（対）プレナリーセッション（plenary session）
バンケット（banquet）	正式に席次を決めて行われる晩餐会。通常、VIPの臨席を前提としたスピーチまたはVIP自身によるスピーチを伴う。
販促イベント	「SPイベント」ともいう。商品やサービスの販売促進を目的としたイベント。販売促進施策（試供品配布、展示実演、実演販売、景品付き販売、値引き販売、各種コンテストの実施等）にイベント的要素を盛り込んだり、イベントとして仕立てたりすることにより、より一層の販売促進効果を得ようとするのが基本的な考え方である。通常、SPイベントはマスメディア広告やPRと組み合わせ（メディアミックス）て、その効果を一層高める戦略がとられる。
PA（public address）	多くの人に対し音を拡声すること及びその装置（音声増幅装置など）。
B2C	「ビジネス・トゥ・カスタマー」のことで、企業と一般消費者との間で取り交わされる取引。
B2B	「ビジネス・トゥ・ビジネス」のことで、企業間の商取引、あるいは、企業が企業向けに行う事業。
B2B2C	「ビジネス・トゥ・ビジネス・トゥ・カスタマー」のことで、他の企業の消費者向け事業を支援・促進するような事業、あるいは、他の企業から仕入れた商品を消費者に販売する事業。

ビッドペーパー（bid paper）	立候補提案書類。開催国開催地選定にあたって、主催団体や理事会などに提出する資料。「プロポーザル／開催提案書（proposal）」ともいう。
ビッドマニュアル（bid manual）	立候補提案書類（ビッドペーパー）作成の手引き。国際イベントを定期的に主催する団体本部が開催希望の会員の団体や学会などに対して条件などを明示した文書。（同義）RFP
ファーストアナウンスメント（first announcement）	国際会議などの開催計画を知らせる1回目の案内。会議概要を説明し、参加を促すため、対象となりそうな多数の人に配布する。
ファムトリップ（familiarization trip ／ FAM trip）	下見招待旅行。開催地や開催施設が将来バイヤーとなる可能性のある組織の代表者やエージェントらを現地に招いて下見を目的としたセミナーを催し、これによって会場利用契約成立の機会の増大を図る。複数の組織の代表者を招いて行う場合もあれば、個別に招く場合もある。
フェア（fair）	元来は「聖人祝日など宗教的な祭日」「休日に立った市場」を指し、見せ物や飲食店が出てにぎわう様子を表す。「〇〇フェア」というときには、「そのテーマに沿ったたくさんのものが、（展示会、博覧会、市のように）集められている」という意味合いで使われることが多い。
フォーラム（forum）	公開討論会、座談会。一般に関心のある問題について、著名な人物を迎えて行う公開の討論会。会議の一部として行うものと、独立した催しとして行われるものとがある。
フリーペーパー（free paper）	公募演題。コールフォーペーパー（演題募集）規定にのっとってアブストラクトを提出し採択された演題。口述による発表とポスターによる発表の2種類が主流。（類）一般演題（参）口演発表・口述発表（oral presentation）、ポスター発表（poster presentation）
フリーペーパーセッション（free paper session）	口演発表（口述発表）セッション。全体としては会議のテーマに添ったものではあるが、おのおのの発表者が選んだテーマについて口演を順次行うセッション。（参）口演発表（oral presentation）、口演発表セッション（oral session）

プレ／ ポストコングレスツアー (pre/post congress tour)	会議の開始前／終了後に行われる小旅行や遊覧などのイベント。「プレ／ポストカンファレンスツアー（pre/post conference tour)」ともいう。また会議日程終了後、または会議時間終了後に引き続いて計画されている各種の行事を「アフターコンベンション（after convention)」という場合もある。
プレカンファレンス (pre conference)	会議の前に行われるイベント。セッションやエクスカーションなどが含まれる。
ブレジャー（bleisure)	business（仕事）とleisure（休暇）を合わせた造語。ビジネスパーソンが出張ついでに休暇を楽しむこと。
プレスリリース (press release)	報道発表。報道機関に対して事前に準備した原稿を発表する。準備した原稿は「for immediate release（直ちに発表)」のためのものもあれば、公表の日時を指定したものもある。
プレナリーセッション (plenary session)	全員が参加するセッション、全体会議、本会議。指定セッションの中でも格の高いセッションで基本的に同時並行セッションは行われない。（対）パラレルセッション／同時進行セッション
プレリミナリープログラム (preliminary program)	暫定プログラム。プログラムの概要、主な講演者、関連行事などを紹介する。
フロアプラン（floor plan)	展示会場や会議場の平面図に必要な備品や機材、通路幅などを正しい縮尺で書き入れた計画図。
プログラム集 (program book)	催事全体のプログラム内容を掲載した文書。開催の直前に発送、あるいは当日配布される。手軽に持ち運べるようにポケットサイズ（ポケットプログラム）の冊子にして配布することもある。
プロシーディングス (proceedings)	記録集・論文集・予稿集・会議録。全セッションの総括をまとめたもの。討議の次第を詳しく収録する場合もある。その会議の慣例に従って発行することが多い。
プロトコル（protocol)	外交上の場での儀礼、序列、エチケットなどに関する慣例や規則。

ポスターセッション （poster session）	会議場内で行われるポスター展示によるセッション。特にセッションが設けられない場合は、ポスターの提示者と関心のある者が自由に討論を行うフリーディスカッション形式で行われる。
ポスター発表 （poster presentation）	公募演題の発表形式の一つで、ポスターによる発表。 （参）フリーペーパー（free paper）（対）口演発表（oral presentation）
ポストカンファレンス （post conference）	催事終了後に行われるイベントやエクスカーション。「アフターコンベンション（after convention）」ともいう。
保税展示扱い	保税展示場の許可を受けた展示会において、外国貨物を保税のまま出品する場合の手続きのこと。
保税展示場	特定の国際展示会・見本市など、外国貨物を展示する会場に使用する場所として、税関長が保税を許可した展示場のこと。保税展示場の許可を受けた展示会において、外国貨物を保税のまま出品する場合の手続きのことで搬入時と同一形状、数量で再輸出させることが原則となる。
ホワイエ（フォワイエ） （foyer）	会議場や施設の入口から会議室までのロビースペース。催事の合間の休憩や談話スペースとして使われる。
メディアミックス （media mix）	広報・広告活動を計画・実施するに際して、異なるメディアの組み合わせ展開によって、対象層へ効果的なコミュニケーションの実現を図ろうとすること。
UFI認証 （UFI Approved Events）	高品質な展示会を提供するため国際見本市連盟（UFI）が定めた国際認証制度。同認証を得た展示会は、出展者や来訪者に対して高品質であることを保証する。
ユニークベニュー （unique venue）	「特別な会場」の意味。美術館や博物館、歴史的建造物などで、MICEを開くことで特別感や地域の特性を演出できる会場。
ユニバーサルデザイン （universal design）	文化・言語・国籍や年齢・性別・能力などにかかわらず、多くの人が利用できることをめざした製品やサービス、デザインのことであり、またそれを実現するためのプロセス。

要旨集（abstracts）	抄録集ともいう。「アブストラクト（abstact）」参照。 （類）アブストラクト集
与件	事前に与えられた条件。一般に、計画立案にあたって前提とすべき要件で、基本的には動かせないものを指す。何が与件となるかは催事ごとに異なる。
予稿集（proceedings）	「プロシーディングス」参照。
ラウンドテーブル （roundtable）	同等の立場で自由に討議する会議。もともとは、着席順によって序列が生じることを避けるために、討議する人が円形に配置される会議形式が考案されたと言われているが、現在では座席の形状に関係なく単に「会議」の意味で使われる場合がある。
ラウンド・テーブル・ ディスカッション （round table discussion ／RTD）	ラウンドテーブル形式で行われるディスカッション。
ランチョン（luncheon）	午餐会、昼食会。正式の昼食。時にはスピーチ、何らかの披露や発表などが行われることがある。
ランニングコスト （running cost）	施設や設備、機材や備品などを実際に使用・運営するために必要な費用。管理人件費、保守管理費、修繕費、光熱水費など。
レジストレーション （registration）	登録、参加登録。イベント等に参加者として加わること、またそのための申し込み・参加費の支払い手続き。会場の受付において来場者を登録し、そのプロフィールによりネームタグなどを発行すること。
レセプション（reception）	①パーティー行事。一般には飲み物の他に、軽食や料理が提供される②会場の受付（レセプションデスク）。 （類）バンケット
ロジ／ロジスティクス （logistics）	「ロジスティクス」は軍事用語の「兵站」。会場設営、設備・機材、スタッフ、飲食、交通・輸送など催事の準備から当日の運営まですべての手続きを指す。主に官公庁が主催する会議で使われることが多い。 （対）サブ（サブスタンス）

ロビー活動（lobbying）	催事を誘致する際、開催地決定権者への働き掛けや資料配布、PRブースの設置など、誘致にあたってアピールするために行う活動。
ワークショップ（workshop）	特定のテーマで議論が行われる会議。また、公式な総会などの合間に開かれる、非公式な自由討議も指す。

※日本政府観光局（JNTO）の「国際会議開催マニュアル」、経済産業省の「展示会産業概論」などを参考に作成。

エピローグ

　この数年「MICEとは何かを教えてほしい」「MICE産業について概略を説明してほしい」「大学で国際会議やコンベンションについて授業をお願いしたい」などの依頼が増加していた。また、弊社社員が大学や専門学校で教えるにあたり入門書が必要との声も社内で起きていた。そんな折、ダイヤモンド・ビジネス企画からMICE入門書の出版の話をいただき、本書を上梓（じょうし）する運びに至った。

　1980年代、第1次コンベンションブームが地方自治体主導で起き、大手企業のコンベンション業界への参入や外資の進出が続いた。コンベンション・センター、国際会議場、展示場や大型文化複合施設の計画・建設は全国で100件以上に上った。この頃、アメリカ・ラスベガスではCOMDEX[1]（世界最大級のコンピューター見本市）が巨大化し、IR（Integrated Resort：統合型リゾート）の概念もラスベガスで生まれた。

　当時、ダイヤモンド社からコンベンション解説本の出版の話をいただき、斯界（しかい）初の大冊『コンベンション事典』（1988年発行）の企画、編集、執筆チームの責任者を引き受けた。あれから30年余り、再びの縁に感謝するとともに、編集の労を取ってくださったダイヤモンド・ビジネス企画の皆様に謝意を表したい。

　MICEの概念は広くて深い。執筆は各分野を代表する方々にお願いしたが、立ち位置によって当然見方は異なる。章によって矛盾する内容もあるが敢えて整合性を図っていない。誤解を恐れず、多様な考えを紹介することが入門書にふさわしいと考えている。

　改めて執筆をお受けいただいたり、対談に応じてくださったりした以下の方々に深く感謝を申し上げたい（登場順、敬称略）。

　観光庁、原利一（松江コンベンションビューロー／一般財団法人くにびきメッセ

---

1. CeBIT（ドイツ・ハノーバー）と並んで当時世界最大級のコンピューター関連見本市。後にソフトバンクが8億ドルで買収し、Las Vegas Sandsはその資金をもってラスベガスにザ・ベネチアンを建設し、カジノ+MICEの戦略の下、マカオ、シンガポールへ進出しIRを成功させた。

コンベンション専門官)、岡村篤(株式会社野村総合研究所社会システムコンサルティング部 産業インフラグループ グループマネージャー、立教大学観光学部「コンベンション産業論」兼任講師)、ハノーバーメッセ広報、マコーミック・プレイス広報、大河原護(元外務省職員)、伊藤裕(慶應義塾大学医学部腎臓内分泌代謝内科教授)、森本福夫(Business Events Advisor)、澤田裕二(UG WORK合同会社代表／イベント・空間メディアプロデューサー)、石積忠夫(一般社団法人日本展示会協会名誉会長／リード　エグジビション　ジャパン株式会社名誉会長)、前田三郎(株式会社キョードーファクトリー代表取締役社長)、椿和順(株式会社イベントアンドコンベンションハウス営業企画部長)、トレバー・ガーディナー(Centium Software社CEO)、木下博夫(公益財団法人ワールドマスターズゲームズ2021関西組織委員会事務総長／前国立京都国際会館館長／元国土事務次官)。

　世界最大のMICE、アメリカ大統領選挙2020が終了した。日本の国政選挙でも関連業界の特需は発生するが、1年にわたる米大統領選はその比ではない。ニューヨークタイムズによると、オクラホマ州タルサのBOKセンターで行われたTrump Rally(選挙集会)の費用は約220万ドル(9割近くが会場費、設営費、運営費)。共和党の会場での開催を含めRallyは50回以上に上った。また、米政治資金監視団体(CRP)のデータによると、今回の選挙運動資金の総額は140億ドル(約1兆5,000億円)と発表されている。

　MICEで世界は動いている。

2021年1月
株式会社コンベンションリンケージ・グループ代表
平位博昭

【編著者】

株式会社コンベンションリンケージ

国連および政府間会議、医学会、企業等の大型コンベンション、ライブ・エンターテインメント（音楽・演劇・演芸）、スポーツイベント、展示会等、年間1,900件を超える国内外のコミュニケーション・シーンをプロデュースする。また、コンベンション施設民間経営のパイオニアとして国内外の拠点において事業を展開し、全国の大型コンベンションセンター、文化会館、イベントホール、スタジアムアリーナ、多目的複合施設の管理・運営、それに係るマーケティング・コンサルティング業務を行う。2000年に「NetConvention®」を商標登録し、国際会議、医学会、展示会、イベントの多様なICTソリューションを提供するウェブMICE運営のさきがけとなる。コンベンション、イベント、舞台系芸術のもつ経済効果や文化芸術の振興により、日本および地域の活性化に貢献している。

MICE入門編
日本再興のカギ

2021年5月18日　第1刷発行

編著者 ——————— 株式会社コンベンションリンケージ
発行 ——————— ダイヤモンド・ビジネス企画
　　　　　　　　　〒104-0028
　　　　　　　　　東京都中央区八重洲2-7-7 八重洲旭ビル2階
　　　　　　　　　http://www.diamond-biz.co.jp/
　　　　　　　　　電話 03-5205-7076（代表）

発売 ——————— ダイヤモンド社
　　　　　　　　　〒150-8409　東京都渋谷区神宮前6-12-17
　　　　　　　　　http://www.diamond.co.jp/
　　　　　　　　　電話 03-5778-7240（販売）

編集制作 ——————— 岡田晴彦・川地彩香
装丁 ——————— BASE CREATIVE, INC.
DTP ——————— ローヤル企画
印刷・製本 ——————— シナノパブリッシングプレス